Mikrodalga Fırında Mutfak Sihirleri

Hızlı, Kolay ve Lezzetli Tarifler

Elif Nur

içindekiler

Deniz ürünlü pilav 13
Yenibaharlı Paella 14
Amandin tavukları 15
Domates ve fesleğen ile tavuk amandini 16
tavuk kümesi 17
Kereviz ile krema soslu tavuk 18
Krema Soslu Tavuk, Patates Kızartması 18
Kraliyet tavuğu 19
türkiye kralı kral 20
Peynirli kraliyet tavuğu 20
Tavuk kısaltmaları à la King 20
Daha İnce Tavuk Ciğeri 21
Slimmers'tan hindi karaciğeri kaşları 22
Tavuk Tetrazzini 23
Tavuk ve sebze karışımı ile güveç 24
Pilav üzerinde bal tavuk 25
Beyaz rom soslu limonlu tavuk 26
Konyak soslu portakallı tavuk 27
Barbekü soslu bagetli bebek makarnası 28
Meksika köstebek soslu tavuk 28
Barbekü soslu tavuk kanatları, çocuklar için makarna ile 30
tavuk jambalaya 30
türkiye jambalaya 32

Kestaneli Tavuk.. 33
Bamya Tavuğu 34
Türkiye bamya... 35
Kahverengi portakal ezmesi ile tavuk göğsü 36
Kremalı Paprika Soslu Tavuk... 36
Kremalı Biber Soslu Hindi... 38
orman tavuğu 39
elmalı ve kuru üzümlü tavuk 40
Armut ve Üzümlü Tavuk.. 41
greyfurtlu tavuk... 42
Macar tavuğu ve sebze karışımı... 43
Bourguignon tavuğu 44
tavuk frikas.. 46
Şaraplı tavuk frixi 47
nihai tavuk... 47
Coq au vin.. 48
mantar şarabı... 49
kola da var 49
Dahili güverte davulları.. 50
Tavuk Avcıları... 51
tavuğu kovala.. 52
Marengo tavuğu 52
günün tavuğu... 53
Kaptan.. 54
Domates ve kapari soslu tavuk 56
tavuk biber 58
Doğu tavuklarının tonları 60

Goreng'imiz 62
hindi bifteği 63
İspanya Türkiye 64
hindi takoları 65
gözleme taco 66
hindi ekmeği 67
Madras türkiye köri 68
Meyveli meyve köri 69
Türkiye ekmek ve tereyağlı kek 70
Hindi ve doldurma ile pirinç 72
Hindi Portakallı Sırlı Kestane 73
tatlı ve ekşi ördek 74
kanton ördeği 75
portakal soslu ördek 76
Fransızca ördek 78
Kemikleri kızartmak ve et parçalarını kızartmak 80
Portakal ve misket limonu ile tatlı ve ekşi domuz eti 81
et et 82
Hindi ve sosisli kare 83
Domuz bonfile giydirin 83
Domuz eti ve ananaslı Hawaii yüzüğü 84
Pastırma ve ananas ile Hawai güveç 85
Noel jambonu 86
Sırlı Tavla Şatosu 87
İspanyol salamlı paella 88
Schweiz usulü köfte 88
Kurabiye ile pişmiş domuz eti 90

bal ile kavrulmuş domuz eti 90
Kırmızı lahanalı domuz eti.. 91
Romen usulü domuz eti 92
Domuz eti ve sebze yemeği.. 93
Acılı domuz eti 94
Hint turşusu ve mandalina ile domuz eti 95
Izgara kaburga... 96
Peynir soslu jambona sarılmış hindiba 97
Yapışkan turuncu barbekü soslu domuz pirzolası........................ 99
Biftek ve mantarlı puding... 100
Biftek ve böbrek pudingi 102
Biftek ve kestane pudingi 102
Kavrulmuş ve tuzlu fındık çorbası 102
Güney Amerika'dan "etli turta" 102
Yumurta ve zeytin ile Brezilya "etli turta" 103
Ruben'in sandviçi.. 104
Sığır Chow Mein.. 104
Sue'nun eti... 105
Patlıcan ve sığır etinin tadını çıkarın 105
köri ezmesi 107
İtalyan köftesi.. 108
Biber ile hızlı köfte 109
otlar ile biftek.. 110
Hindistan cevizi ile Malezya usulü nohut bifteği 111
Hızlı biftek ve mayonez ruloları 112
Kırmızı şarapta haşlanmış biftek 113
Düz su 115

Sebze, domates ve otlar karışımında marine edilir 116
Orta Doğu Patlıcanlı Tahin Sosu 117
türk bademi 118
yunanca daldırma 119
Cau Bataklığı 120
Güle güle 121
Tuzlu Kokteyl Mantarları 123
Yumurta ve çam fıstığı ile doldurulmuş fırında patlıcan 124
Yunan mantarı 125
Enginar salata sosu 126
Sezar salatası 127
Yumurta ve tereyağı ile Hollandalı hindiba 128
yumurtalı mayonez 129
Skordalia Mayonezli Yumurtalar 130
İskoç Çulluk 131
İsveç Mayonezli Yumurtalar 132
Fasulye Salatası 133
Yumurtalı Fasulye Salatası 134
tencere tavsiyesi 135
tencere 136
Avokadolu Fırında Çırpılmış Yumurta 137
Domates ve peynir ile doldurulmuş avokado 138
Rulo ve elmalı İskandinav salatası 138
Köri sosu ve elma salatası ile paspas 140
Keçi peynirli marul ve sıcak sos 141
Jöle Domatesli Dondurma 141
Domates Dolması 142

İtalyan Doldurulmuş Domates 143
Domates ve tavuk salata kapları 145
Yumurta ve doğranmış soğan 146
kiş Lorraine 147
peynir ve domates 148
Somon füme ile karıştırın 149
krep kısa 149
ıspanak 149
Akdeniz 149
kuşkonmazlı kiş 150
kırık fındık 152
Brezilya körili fındık 153
Mavi peynir ve ceviz 154
Zengin karaciğer 155
Sıcak ve Ekşi Yengeç Çorbası 157
Hafif bir oryantal çorba 159
Ciğer çorbası 160
havuç kremalı çorba 161
Soğuk Havuç-Yulaf Çorbası 162
Kişnişli Havuç Çorbası 163
Portakal çorbası ile havuç 163
Kremalı Salata Çorbası 164
yeşil çorba çorbası 165
wasabi ile maydanoz-maydanoz çorbası 165
Tatlı patates çorbası 166
sebze kremalı çorba 167
Yeşil Bezelye Çorbası 168

Balkabağı çorbası 168
mantar kremalı çorba 168
Kremalı Balkabağı Çorbası 168
hindistan cevizi çorbası 170
Çorba Çorba 170
Tavuk ve avokado ile İsrail çorbası 171
Çiğ Etli Avokado Çorbası 172
çorba 172
Soğuk pancar çorbası 173
Soğuk pancar çorbası 174
Portakallı Mısır Çorbası 174
Peynir ve kavrulmuş kaju fıstığı ile portakal mısır çorbası 175
domates dekorasyonu ile mısır çorbası 176
Sarı Bezelye Çorbası 176
Fransız soğan çorbası 177
İtalyan Sebze Çorbası 178
sebzeli çorba Cenevizli 179
İtalyan Patates Çorbası 180
Taze domates ve kereviz çorbası 181
avokado soslu domates çorbası 182
Soğuk peynir ve soğan çorbası 183
İsviçre peynir çorbası 184
Avgolemono çorbası 185
pastis ile salatalık kremalı çorba 186
Pirinçli Köri Çorbası 187
vichy sosu 188
Yoğurtlu soğuk salatalık çorbası 189

Soğutulmuş yoğurtlu ıspanak çorbası 190
Şerifli Soğuk Domates Çorbası 191
New England çubuk 192
yengeç çorbası 193
Yengeç ve limon çorbası 194
ıstakoz bisküvi 195
Kuru paket çorba 195
konserve çorbalar 195
çorbaları ısıtın 196
Pişirmek için yumurtaları ısıtın. 196
Omlet 196
Sert haşlanmış yumurta (kızarmış). 197
Boru Geçidi 198
tavla biberi 199
Boru Geçidi 199
Floransa yumurtaları 200
Rossini yumurtası 201
Evet 201
klasik omlet 203
lezzetli omlet 204
kahvaltıda omlet 205
Eritilmiş peynirli haşlanmış yumurta 206
Yumurta Benedict 206
Arnold Bennett'in omleti 207
Tortilla 208
Sebze karışımı ile İspanyol omleti 209
Jambonlu İspanyol omleti 210

Kereviz Soslu Peynirli Yumurta *210*
Fu unung yumurta *211*
Pizzalı omlet *212*
sütlü omlet *213*
Eric ile Oyalanmak *214*
pişmiş çiroz *215*
Medrese karidesleri *216*
Martini sosu ile pişirilir *217*

Deniz ürünlü pilav

Kapılar 6

1 kg kemiksiz tavuk göğsü

30 ml / 2 yemek kaşığı zeytinyağı

2 soğan, doğranmış

2 diş sarımsak, ince kıyılmış

1 yeşil biber (yağ), çekirdeği çıkarılmış ve doğranmış

225 gr/8 ons/1 su bardağı risotto pirinci

1 paket safran tozu veya 5 ml/1 çay kaşığı zerdeçal

175 gr/1½ su bardağı dondurulmuş nohut

4 domates, soyulmuş ve çekirdeği çıkarılmış

225 gr haşlanmış midye

75 gr / 3 oz / ¾ fincan doğranmış pişmiş jambon

125 gr / 4 ons / 1 su bardağı kabuklu karides (kısa)

600 ml/1 porsiyon/2½ bardak kaynar su

7,5-10 ml / 1½ - 2 yemek kaşığı tuz

Garnitür için haşlanmış istiridye, haşlanmış istiridye ve limon dilimleri ekleyin

Tavuğu 25 cm/10 inç çapındaki bir fırın tepsisinin (Hollanda fırını) kenarına ortasını açarak yerleştirin. Buharın çıkmasını sağlamak için streç filmle (plastik) örtün ve ikiye bölün. 15 dakika pişirin. Sıvıyı süzün ve bir kenara koyun. Tavuğu bölün. Plakayı yıkayın ve kurutun. Tavaya yağı ekleyin ve 1 dakika ısıtın. Soğanı, sarımsağı ve yeşil biberi katıp karıştırın. Tam ateşte 4 dakika pişirin. Tavuk ve ayrılmış likör dahil olmak üzere diğer tüm malzemeleri ekleyin ve iyice karıştırın. Daha önce olduğu gibi örtün ve tavayı üç kez döndürerek tam 20 dakika pişirin. Fırında 10 dakika bekletin, ardından 5 dakika daha pişirin. İstiridye, midye ve çeyrek limon ile süsleyin.

Yenibaharlı Paella

Kapılar 6

İstenirse kabukları ve diğer deniz ürünlerini atarak paellayı hazırlayın ve limon dilimleri ve şeritler halinde kesilmiş 200 g'lık bir paket kısa biber ve ilave nohutla süsleyin.

Amandin tavukları

4 tane giyiyorsun

Geleneksel bir Kuzey Amerika kurabiye tarifi.

4 piliç (tavuk), her biri yaklaşık 450g/1lb
300 ml/10 fl oz/1 kutu yoğunlaştırılmış kremalı mantar çorbası
150 ml/¼ puan/2/3 su bardağı orta kuru şeri
1 soğan sarımsak, ezilmiş
90 ml / 6 yemek kaşığı kavrulmuş kuşbaşı badem (dilimlenmiş).
175g/6oz/¾ fincan kahverengi pirinç, pişmiş
brokoli

Çorbayı göğüs tarafı alta gelecek şekilde büyük, derin, mikrodalgaya dayanıklı bir tabağa tek bir tabaka halinde yerleştirin. Buharın çıkmasını sağlamak için streç filmle (plastik) örtün ve ikiye bölün. Tavayı dört kez çevirerek 25 dakika pişirin. Şimdi tavuğu göğüs tarafı yukarı gelecek şekilde çevirin. Şeri suyunu ve herhangi bir tavuk suyunu çözün. Sarımsağı karıştırın. Tavuğun üzerine dökün. Daha önce olduğu gibi örtün ve tavayı üç kez çevirerek 15 dakika pişirin. 5 dakika bekletin. Tavuğu ılık tabaklara aktarın ve sosu üzerine dökün. Badem serpin ve pilav ve brokoli ile servis yapın.

Domates ve fesleğen ile tavuk amandini

4 tane giyiyorsun

Bir tavuk Amandine yapın, ancak mantar çorbasını yoğunlaştırılmış domates kreması ve marsala şeri ile değiştirin. Pişirmenin sonunda 6 yırtık fesleğen yaprağı ekleyin.

tavuk kümesi

4 tane giyiyorsun

Genellikle brokoli ile yapılan bir başka basit Kuzey Amerika spesiyalitesi.

1 büyük brokoli, pişmiş
25 gr / 1 ons / 2 yemek kaşığı tereyağı veya margarin
45 ml/3 yemek kaşığı sade (çok amaçlı) un.
150 ml/¼ pt./2/3 su bardağı sıcak tavuk suyu
150ml/¼ çay kaşığı/2/3 fincan krema (hafif).
50 gr/½ su bardağı kırmızı Leicester peyniri, rendelenmiş
30 ml / 2 yemek kaşığı sek beyaz şarap
5 ml/1 porsiyon hafif hardal
225g/8oz/2 su bardağı pişmiş tavuk, kıyılmış
Tuz
yer fıstığı
45 ml / 3 yemek kaşığı rendelenmiş Parmesan peyniri
Biber

Brokolileri çiçeklerine ayırın ve hafif yağlanmış 25 cm çapında bir tepsiye dizin. Tereyağı veya margarini ayrı bir tavada 45-60 saniye kaynayana kadar ısıtın. Karıştırın ve sıcak et suyu ve kremayı yavaşça dökün. Her dakika karıştırarak koyulaşana ve koyulaşana kadar 4-5 dakika pişirin. Red Leicester, şarap, hardal ve tavuğu ekleyin. Tatmak için tuz ve hindistan cevizi ekleyin. Sosu brokolinin üzerine dökün. Parmesan ve kırmızı biber serpin. Buharın çıkmasını sağlamak için streç filmle (plastik) örtün ve ikiye bölün. Makarnayı 8-10 dakika eriyene kadar ısıtın.

Kereviz ile krema soslu tavuk

4 tane giyiyorsun

Tavuklu bir kanepe yapın ama brokoliyi 400 gr/14 ons/1 büyük kereviz kalbiyle değiştirebilirsiniz. (Kavanozdaki sıvı diğer tarifler için saklanabilir.)

Krema Soslu Tavuk, Patates Kızartması

4 tane giyiyorsun

Tavuklu sandviç gibi hazırlayın ama üstüne peynir ve biber ekleyin. Bunun yerine 1 küçük torba ezilmiş patates cipsi serpin.

Kraliyet tavuğu

4 tane giyiyorsun

Başka bir Amerikan ithalatı ve artık tavuğu değerlendirmenin yenilikçi bir yolu.

40 gr / 1½ ons / 3 yemek kaşığı tereyağı veya margarin
40 gr / 1½ ons / 1½ yemek kaşığı (çok amaçlı) un.
300 ml/½ çay kaşığı/1¼ fincan sıcak tavuk suyu
60 ml / 4 yemek kaşığı krema (kalın).
1 konserve kırmızı biber, ince dilimlenmiş
200g/7oz/arr 1 su bardağı konserve dilimlenmiş mantar, süzülmüş
Tuz ve taze çekilmiş karabiber
350 gr / 12 ons / 2 su bardağı pişmiş tavuk, kıyılmış
15 ml/1 yemek kaşığı orta kuru şeri
Servis için taze tost

Tereyağı veya margarini 1,5 litre/2½ litre/6 fincan tencereye (Hollanda fırını) koyun. Fırında 1 dakika üstü açık olarak ısıtın. Unu çırpın, ardından suyu ve kremayı yavaş yavaş karıştırın. Her dakika karıştırarak koyulaşana kadar 5-6 dakika yüksek ateşte kaynatın. Diğer tüm malzemeleri ekleyin ve iyice karıştırın. Bir plaka ile örtün ve en fazla 3 dakika ısıtın. Servis yapmadan önce tostu 3 dakika dinlendirin.

türkiye kralı kral

4 tane giyiyorsun

Chicken à la King gibi hazırlayın (yukarıda), ancak tavuğu pişmiş hindi ile değiştirin.

Peynirli kraliyet tavuğu

4 tane giyiyorsun

Tavuk à la King'i hazırlayın (yukarıda), ancak 3 dakika ısıttıktan sonra 125 g/1 fincan rendelenmiş kırmızı Leicester peyniri serpin. Peynir eriyene kadar 1-1½ dakika daha tam ateşte ısıtın.

Tavuk kısaltmaları à la King

4 tane giyiyorsun

Tavuğu à la King hazırlayın. Servis yapmadan önce 4 büyük sade veya peynirli bisküviyi kapatın ve altlarını dört sıcak tabağa yerleştirin. Üzerini tavuklu karışımla kaplayın ve üzerini kapatın. Sıcak ye.

Daha İnce Tavuk Ciğeri

4 tane giyiyorsun

Patates yerine brokoli veya lahana ile servis edilen az yağlı, az nişastalı bir ana yemek.

15 ml / 1 yemek kaşığı zeytinyağı veya ayçiçek yağı
1 kırmızı dolmalık biber (çekirdeksiz ve ince dilimlenmiş)
1 büyük havuç, ince dilimlenmiş
1 büyük soğan, ince dilimlenmiş
Çapraz olarak ince dilimler halinde kesilmiş 2 büyük kereviz sapı
450 gr tavuk ciğeri, küçük parçalar halinde doğranmış
10 ml/2 porsiyon mısır unu (mısır unu)
4 büyük domates, soyulmuş, çekirdekleri çıkarılmış ve iri doğranmış
Tuz ve taze çekilmiş karabiber

Tereyağını 1,75 qt / 3 pt / 7½ fincan tencereye (Hollanda fırını) koyun. Hazırlanan sebzeleri ilave edin ve kapağı açık olarak yüksek ateşte 5 dakika iki kez karıştırarak pişirin. Karaciğeri sebzelere ekleyin ve ara sıra karıştırarak 3 dakika yüksek devirde pişirin. Tatmak için mısır, domates ve baharatları karıştırın. Buharın çıkmasını sağlamak için streç filmle (plastik) örtün ve ikiye bölün. Bir kez çevirerek tam 6 dakika pişirin.

Slimmers'tan hindi karaciğeri kaşları

4 tane giyiyorsun

Slimmers tavuk ciğeri hazırlamaya hazır olun, ancak tavuk ciğeri yerine hindi ciğeri koyun.

Tavuk Tetrazzini

4 tane giyiyorsun

175 gr/1½ fincan kısa makarna

300 ml/10 fl oz/1 kutu yoğunlaştırılmış tavuk kreması veya mantar çorbası

150 ml/¼ pt./2/3 su bardağı süt

225 gr dilimlenmiş mantar

350 gr / 12 ons / 2 su bardağı soğuk pişmiş tavuk, kıyılmış

15 ml/1 yemek kaşığı limon suyu

50 gr/2 ons/¾ fincan kuşbaşı badem (dilimlenmiş).

1,5 ml/¼ çay kaşığı yer fıstığı

75 gr / 3 ons / ¾ fincan çedar peyniri, ince rendelenmiş

Makarnayı paketin üzerindeki talimatlara göre pişirin. Çizmek. Çorbayı yağlanmış 1,75 litre/3 litre/7½ fincan fırın tepsisine dökün. Sütü kaynatmalısın. Sıcak ve hafifçe köpürene kadar yaklaşık 5 ila 6 dakika pişirin. Makarna ve peynir hariç tüm malzemeleri karıştırın. Buharın çıkmasını sağlamak için streç filmle (plastik) örtün ve ikiye bölün. Tavayı üç kez çevirerek 12 dakika pişirin. Peynir serpin ve serpin. Her zamanki sıcak ızgara (broyler).

Tavuk ve sebze karışımı ile güveç

4 tane giyiyorsun

4 büyük patates, ince dilimlenmiş
3 haşlanmış havuç, ince dilimlenmiş
125 gr/1 su bardağı haşlanmış nohut
125 gr/4 ons/1 su bardağı pişmiş tatlı mısır
4 parça tavuk, her biri 225 gr, derili
300 ml/10 fl oz/1 kutu Kereviz Yoğunlaştırılmış Krema veya diğer aroma
45 ml / 3 yemek kaşığı orta kuru şeri
30 ml / 2 yemek kaşığı tek krem (hafif).
1,5 ml / ¼ yemek kaşığı rendelenmiş ceviz
75 gr/3 ons/1 ¼ fincan mısır, iri öğütülmüş

25 cm/10 cm çapında yağlanmış derin bir kalıbın dibine patates ve havuç dilimlerini koyun. Nohutları ve şekerli yoğunlaştırılmış sütü ekleyin ve tavuğu ekleyin. Buharın çıkmasını sağlamak için streç filmle (plastik) örtün ve ikiye bölün. Tavayı dört kez çevirerek 8 dakika yüksekte pişirin. Çorbayı mısır gevreği hariç kalan malzemelerle çırpın. Tavuğun üzerine yerleştirin. Daha önce olduğu gibi örtün ve tavayı iki kez çevirerek 11 dakika pişirin. 5 dakika bekletin. Servis yapmadan hemen önce mısırı açın ve serpin.

Pilav üzerinde bal tavuk

4 tane giyiyorsun

25 gr / 1 ons / 2 yemek kaşığı tereyağı veya margarin
1 büyük soğan, doğranmış
6 parça çekilmiş domuz eti (dilimler), doğranmış
75 gr/3 ons/1/3 fincan uzun taneli hafif pişmiş pirinç
300 ml/½ çay kaşığı/1 ¼ fincan sıcak tavuk suyu
Yeni lokasyon karabiber
4 tavuk göğsü, her biri 175 gr
1 portakalın ince rendelenmiş kabuğu ve suyu
30 ml / 2 yemek kaşığı koyu saf bal
5 ml/1 porsiyon kırmızı biber
5 ml/1 porsiyon Worcestershire sosu

20 cm / 8 cm çapında derin bir kaba tereyağı veya margarini koyun, 1 dakika kadar ısıtın. Tatmak için soğan, domuz eti, pirinç, çorba ve biberle karıştırın. Halkayı tavuğun üzerine yerleştirin. Portakal kabuğu rendesi ve suyu, bal, kırmızı biber ve Worcestershire sosunu karıştırın. Tavuğun yarısını kenara ayırın. Buharın çıkmasını sağlamak için streç filmle (plastik) örtün ve ikiye bölün. Tencereyi üç kez çevirerek 9 dakika pişirin. aramak. Tavuğu kalan bal karışımıyla fırçalayın. Tam ateşte 5 dakika pişirin. Servis yapmadan önce 3 dakika bekletin.

Beyaz rom soslu limonlu tavuk

4 tane giyiyorsun

25 gr / 1 ons / 2 yemek kaşığı tereyağı veya margarin

10 ml / 2 yemek kaşığı mısır veya ayçiçek yağı

1 pırasa, çok ince dilimlenmiş

1 soğan sarımsak, ezilmiş

75g / 3oz / ¾ fincan temiz jambon, doğranmış

675 gr küçük tavuk göğsü, küçük parçalar halinde kesilmiş

3 adet domates, soyulmuş, çekirdekleri çıkarılmış ve iri doğranmış

30 ml/2 yemek kaşığı beyaz rom

5 cm/2 inç limon kabuğu şeridi

1 tatlı portakal suyu

Tuz

150 ml/¼ puan/2/3 su bardağı sade yoğurt

tank (isteğe bağlı)

Tereyağı veya margarini ve sıvı yağı 23 cm'lik bir fırın tepsisine (Hollanda fırını) koyun. 1 dakika boyunca ısıyı açın. Soğan, sarımsak ve unu karıştırın. İki kez karıştırın ve tam ateşte 4 dakika pişirin. Tavuğu karıştırın. Bir tabakla örtün ve tabağı iki kez çevirerek 7 dakika pişirin. Kullanıyorsanız yoğurt ve su hariç tüm malzemeleri ekleyin. Buharın çıkmasını sağlamak için streç filmle (plastik) örtün ve ikiye bölün. Tavayı dört kez çevirerek 8 dakika yüksekte pişirin. aramak. Yoğurdu biraz sıvı ile birleştirin ve pürüzsüz ve kremsi olana kadar tavuğun üzerine dökün. 1½ dakika ısıtın. Limon kabuğunu atın. Bir tank ile dekore edilmiş,

Konyak soslu portakallı tavuk

4 tane giyiyorsun

Beyaz rom ve limon soslu tavukla aynı tarifi yapın, ancak brendi yerine rom ve misket limonu dilimleri koyun. Portakal suyu yerine 60 ml / 4 yemek kaşığı zencefilli gazoz kullanın.

Barbekü soslu bagetli bebek makarnası

4 tane giyiyorsun

900g/2lb Tavuk Budu
2 soğan, doğranmış
2 soğan, doğranmış
30 ml / 2 yemek kaşığı hardal
2,5 ml/½ çay kaşığı kırmızı biber
5 ml/1 porsiyon Worcestershire sosu
400 gr / 14 ons / 1 büyük domates, domates suyunda doğranmış
125 gr/1 su bardağı herhangi bir küçük makarna
7,5 ml / 1½ yemek kaşığı tuz

25 cm/10 çapındaki derin bir tabakta, kemikleri bir çubuk çemberi gibi merkeze doğru düzenleyin. Buharın çıkmasını sağlamak için streç filmle (plastik) örtün ve ikiye bölün. Tavayı üç kez çevirerek 8 dakika yüksekte pişirin. Bu arada sebzeleri bir kaseye koyun ve kalan malzemeleri karıştırın. Tavuğu mikrodalgadan çıkarın ve tavuk sularını sebze karışımına dökün. İyice karıştırın. Kaşık kaşık. Daha önce olduğu gibi örtün ve tavayı üç kez çevirerek 15 dakika pişirin. Servis yapmadan önce 5 dakika bekletin.

Meksika köstebek soslu tavuk

4 tane giyiyorsun

4 tavuk göğsü, her biri 175 gr, derisi açık

30 ml / 2 yemek kaşığı mısır yağı

1 büyük soğan, ince dilimlenmiş

1 yeşil biber (yağ), çekirdeği çıkarılmış ve doğranmış

1 soğan sarımsak, ezilmiş

30 ml/2 yemek kaşığı sade (çok amaçlı) un.

3 yengeç

1 şalgam yaprağı

2,5 ml/yemek kaşığı öğütülmüş tarçın

5 ml/1 porsiyon tuz

150 ml/¼ puan/2/3 su bardağı domates suyu

50 gr/2 ons/½ fincan sade (yarı tatlı) çikolata, parçalara ayrılmış

175g/6oz/¾ fincan pişmiş uzun taneli pirinç

15 ml / 1 yemek kaşığı sarımsak yağı

Tavuğu 20 cm derinliğinde bir tabağa koyun. Buharın çıkmasını sağlamak için üzerini streç filmle (plastik) örtün ve ikiye bölün. 6 dakika tam kaynatın. Sosu hazırlarken bir kenara koyun. Ayrı bir tavada tuzsuz tereyağını 1 dakika ısıtın. Soğan, yeşil biber ve sarımsağı karıştırın. İki kez karıştırın ve tam ateşte 3 dakika pişirin. Unu, ardından kerevizi, defne yaprağını, tarçını, tuzu ve domates suyunu ekleyin. Her dakika karıştırarak 4 dakika yüksek ateşte pişirin. Mikrodalgadan çıkarın. Çikolata ekleyin ve iyice karıştırın. 30 saniye yüksekte pişirin. Tavuğu çıkarın ve sıcak sosu üzerine dökün. Daha önce olduğu gibi örtün ve tam 8 dakika pişirin. 5 dakika bekletin. Pirinç ve sarımsak yağı ile servis edilir.

Barbekü soslu tavuk kanatları, çocuklar için makarna ile

4 tane giyiyorsun

Bacakları bebek şehriye çorbası sosu içinde yapın, ancak tavuk kanatlarını değiştirin.

tavuk jambalaya

3-4 öğün

Bir Louisiana güveci olan bu lezzetli pirinç ve tavuk yemeği, paella'nın akrabasıdır.

2 tavuk göğsü
50 gr tereyağ veya margarin
2 büyük soğan, doğranmış
1 kırmızı biber (yağ), çekirdeği çıkarılmış ve doğranmış
4 soğan, doğranmış
2 diş sarımsak, ince kıyılmış
225 gr/8 ons/1 su bardağı uzun taneli hafif pişmiş pirinç
400 gr / 14 ons / 1 büyük domates, domates suyunda doğranmış
10-15ml / 2-3 yemek kaşığı tuz

Tavuğu 25cm / 10" derinliğindeki bir tabağın yanına yerleştirin. Buharın çıkmasını sağlamak için streç filmle (plastik) örtün ve ikiye bölün. 7 dakika tam kaynama noktasına getirin. 2 dakika bekletin. Tavuğu bir tabağa aktarın ve dilimleyin. Tavukların suyunu tencereye alıp bir kenarda bekletin. Tavayı yıkayıp kurulayın, yağı ekleyin ve 1,5 dakika yüksekte erimesini sağlayın. Ayrılmış sıvıyağ, tavuk, hazırlanmış sebzeler, sarımsak, pirinç ve domates ile karıştırın. Tuzla tatlandırın. Daha önce olduğu gibi üzerini kapatın ve pirinç taneleri kuruyana ve tüm nemi çekene kadar 20-25 dakika tam ateşte pişirin. 5 dakika bekletin, bir çatalla karıştırın ve hemen servis yapın.

türkiye jambalaya

3-4 öğün

Tavuk Jambalaya gibi hazırlayın ama hindiyi tavukla değiştirin.

Kestaneli Tavuk

4 tane giyiyorsun

25 gr / 1 ons / 2 yemek kaşığı tereyağı veya margarin
2 büyük soğan, soyulmuş ve rendelenmiş
430g/15oz/1 büyük şekersiz kestane püresi
2,5 ml/çay kaşığı tuz
4 derisiz, kemiksiz tavuk göğsü, her biri 175 gr
3 domates, harmanlanmış, soyulmuş ve dilimlenmiş
30 ml / 2 yemek kaşığı kıyılmış maydanoz
Servis için kırmızı lahana ve haşlanmış patates

20 cm / 8 cm derin bir kaba tereyağı veya margarini koyun. Açtıktan sonra 1,5 dakika içinde makarnanın erimesini sağlayın. Soğanla karıştırın. Tam ateşte 4 dakika pişirin. Bir kaşık kestane püresi ve tuz ekleyin, iyice karıştırın ve soğanla iyice karıştırın. Kalıbın tabanına eşit bir tabaka yayın ve tavuk göğsünü tabağın kenarına kadar üstüne yerleştirin. Domates dilimleri ve maydanozla süsleyin. Buharın çıkmasını sağlamak için streç filmle (plastik) örtün ve ikiye bölün. Tencereyi üç kez çevirerek 15 dakika pişirin. 4 dakika bekletin. Kırmızı lahana ve patates ile servis edilir.

Bamya Tavuğu

Kapılar 6

Çorba ve yahni karışımı olan bamya, güneye özgü bir rahatlıktır ve Louisiana'nın en önemli ihracat ürünlerinden biridir. Ana yemekler bamya (hanım parmağı) ve savoy lahana, tatlı sebzeler, baharatlar, et suyu ve tavuktur.

50g/2oz/¼ fincan tereyağı

50g/2oz/½ fincan sade (çok amaçlı) un.

900 ml / 1½ adet / 3¾ su bardağı sıcak et suyu

350g / 12oz bamya (kadın parmakları), kuyruklu ve kuyruksuz

2 büyük soğan, ince dilimlenmiş

2 diş sarımsak, ince kıyılmış

2 büyük kereviz çubuğu, ince dilimlenmiş

1 yeşil biber (yağ), çekirdeği çıkarılmış ve doğranmış

15-20 ml / 3-4 yemek kaşığı tuz

10 ml / 2 yemek kaşığı kişniş (kişniş)

5 ml/1 porsiyon zerdeçal

- Üniversal 5-10 ml / 1-2 yemek kaşığı

30 ml / 2 yemek kaşığı limon suyu

2 kaydırma yaprağı

5-10 ml / 1-2 yemek kaşığı acı sos

450 gr pişmiş, kıyılmış tavuk

175g/6oz/¾ fincan pişmiş uzun taneli pirinç

Tereyağını 2,5 litre/4½ litre/11 fincan (Hollanda fırını) tencereye koyun. Isıyı 2 dakika açın. karıştır Kurabiyeler iyice pişene ve açık kahverengi olana kadar her dakika karıştırarak 7 dakika pişirin. Yavaş yavaş sıcak suyu dökün. Her bamyayı sekiz parçaya bölün ve tavuk ve pirinç hariç tüm malzemelerle birlikte tencereye ekleyin. Buharın çıkmasını sağlamak için streç filmle (plastik) örtün ve ikiye bölün. 15 dakika pişirin. Tavuğu karıştırın. Daha önce olduğu gibi örtün ve tam 15 dakika pişirin. 5 dakika bekletin. Kaseleri çorba ile karıştırın ve bir kenara koyun. Her birine bir parça pirinç ekleyin.

Türkiye bamya

Kapılar 6

Chicken Gumbo gibi hazırlayın, ancak pişmiş hindi yerine koyun.

Kahverengi portakal ezmesi ile tavuk göğsü

4 tane giyiyorsun

60ml/4 yemek kaşığı portakal marmelatı (kutudan) veya ince kıyılmış marmelat

15 ml/1 yemek kaşığı malt sirkesi

15 ml/1 yemek kaşığı soya sosu

1 soğan sarımsak, ezilmiş

2,5 ml/kaşık öğütülmüş zencefil

7,5 ml / 1½ yemek kaşığı mısır nişastası (mısır)

4 tavuk göğsü, her biri 200 gr, derili

Pişmiş Çin yemeği

Küçük bir kapta tavuk ve ekmek kırıntıları dışındaki tüm malzemeleri karıştırın. 50 saniye boyunca tam, açılmamış ısı. Tavuk göğüslerini 20 cm çapında / 8 cm derinliğinde bir kaba yerleştirin. Hamurun yarısını ekleyin. Bir tabakla örtün ve tabağı iki kez çevirerek 8 dakika pişirin. Göğüsleri ters çevirin ve kalan yağla fırçalayın. Daha önce olduğu gibi örtün ve 8 dakika daha pişirin. 4 dakika bekletin, ardından Çin yemeği ile servis yapın.

Kremalı Paprika Soslu Tavuk

Kapılar 6

25 gr / 1 ons / 2 yemek kaşığı tereyağı veya margarin

1 küçük soğan, ince dilimlenmiş

4 tavuk göğsü

15 ml/1 yemek kaşığı mısır unu (mısır nişastası)

30 ml/2 yemek kaşığı soğuk su

15 ml / 1 yemek kaşığı domates püresi (salça)

20-30 ml / 4-6 yemek kaşığı Madagaskar'dan şişelenmiş veya konserve yeşil biber

150 ml / ¼ pt / 2/3 su bardağı krema (süt).

5 ml/1 porsiyon tuz

275g/10oz/1¼ fincan pişmiş uzun taneli pirinç

Tereyağı veya margarini 20cm/8 inç derinliğinde bir kaba koyun. 45-60 saniye erimeden, açılmadan. Soğanı ekleyin. 2 dakika boyunca tam ateşte pişirin. Tavuk göğsünü damar boyunca 2,5 cm/1 inç genişliğinde şeritler halinde kesin. Tereyağı ve soğan ile iyice karıştırın. Buharın çıkmasını sağlamak için streç filmle (plastik) örtün ve ikiye bölün. Tencereyi üç kez çevirerek 6 dakika pişirin. Bu sırada mısırı soğuk suyla dikkatlice karıştırın. Pirinç hariç diğer malzemeleri karıştırın. Ortada biraz boşluk bırakarak karışımı tabağın kenarlarına doğru iterek tavuk ve soğanı ilave edin. Daha önce olduğu gibi örtün ve tavayı dört kez çevirerek tam 8 dakika pişirin. 4 dakika bekletin. Servis yapmadan önce pirinçle karıştırın.

Kremalı Biber Soslu Hindi

Kapılar 6

Tavukla aynı kremalı biber sosunda yapın ama tavuğu hindi ile değiştirin.

orman tavuğu

4 tane giyiyorsun

4 derisiz tavuk çeyreği, her biri 225 gr
30 ml / 2 yemek kaşığı mısır veya ayçiçek yağı
175g/6oz Yağsız Domuz Pirzolası (doğranmış), dilimlenmiş
1 soğan, doğranmış
175g mantar, dilimlenmiş
300 ml / ½ adet / 1¼ su bardağı güneşte kurutulmuş domates
(passata)
15 ml/1 yemek kaşığı esmer sirke
15 ml/1 yemek kaşığı limon suyu
30 ml / 2 yemek kaşığı açık kahverengi şeker
5 ml / 1 yemek kaşığı hazır hardal
30ml/2 yemek kaşığı Worcestershire sosu
Dekorasyon için kıyılmış kişniş yaprakları

Tavuğu 25 cm'lik bir fırın tepsisinin (Hollanda fırını) yan tarafına yerleştirin. Buharın çıkmasını sağlamak için streç filmle (plastik) örtün ve ikiye bölün. Suyu ayrı bir tencereye dökün ve kapağı açık olarak 1 dakika ısıtın. Pastırma, soğan ve mantarları ekleyin. Tam ateşte 5 dakika pişirin. Diğer tüm malzemeleri karıştırın. Tavuğu tamamen örtün ve iki kez çevirerek 9 dakika pişirin. Sebze karışımı ile örtün ve süsleyin. Daha önce olduğu gibi örtün ve tavayı üç kez çevirerek tam 10 dakika pişirin. 5 dakika bekletin. Servis yapmadan önce kişniş serpin.

elmalı ve kuru üzümlü tavuk

4 tane giyiyorsun

25 gr / 1 ons / 2 yemek kaşığı tereyağı veya margarin
900 gr tavuk budu
2 soğan, doğranmış
3 adet kola elması, soyulmuş ve çekirdeği çıkarılmış
30 ml / 2 yemek kaşığı kuru üzüm
1 diş sarımsak, ince kıyılmış
30 ml/2 yemek kaşığı sade (çok amaçlı) un.
250 ml / 8 fl oz / 1 kap renkli
2 küp dana eti
2,5 ml/tk kuru kekik
Tuz ve taze çekilmiş karabiber
30 ml / 2 yemek kaşığı kıyılmış maydanoz

Tereyağı veya margarini 25 cm'lik/10 inçlik bir tavaya (Hollanda fırını) koyun. 1-1½ dakika eritirken açın. Tavuk ekleyin. Buharın çıkmasını sağlamak için streç filmle (plastik) örtün ve ikiye bölün. 8 dakika pişirin. Tavuğu ortaya çıkarın ve çevirin. Daha önce olduğu gibi örtün ve 7 dakika daha pişirin. Ortaya çıkarın ve soğan, elma, kuru üzüm ve sarımsak serpin. Sarımsağı hafifçe karıştırın, ardından kalan havucu karıştırın. Sosu küp küp doğrayın, hamuru ekleyin ve tadına bakın. Tavuğun üzerine dökün. Daha önce olduğu gibi örtün ve sıvı köpürene ve hafifçe koyulaşana kadar tam 8 dakika pişirin. 5 dakika bekletin. Ortaya çıkarın ve maydanoz serpin.

Armut ve Üzümlü Tavuk

4 tane giyiyorsun

Elmalı ve kuru üzümlü tavukla aynı tarifi yapın, ancak elmaları armut ve kara elma şarabı ile değiştirin.

greyfurtlu tavuk

4 tane giyiyorsun

2 sap kereviz
30 ml / 2 yemek kaşığı tereyağı veya margarin
1 büyük soğan, ince rendelenmiş
4 adet büyük boy tavuk budu, toplamda 1 kg, derisi açık
Sade (çok amaçlı) un.
1 pembe greyfurt
150 ml/¼ pt./2/3 bardak beyaz veya roze şarap
30 ml / 2 yemek kaşığı domates püresi (salça)
1,5 ml/¼ çay kaşığı kurutulmuş biberiye
5 ml/1 porsiyon tuz

Kerevizi damar boyunca ince şeritler halinde dilimleyin. Tereyağını veya margarini 25cm/10" derin bir kaba koyun. 30 saniye içinde tamamen eritin. Soğan ve kerevizi karıştırın. 6 dakika pişirin. Tavuğu hafifçe unlayın, ardından fırın tepsisinin kenarına yerleştirin. Buharın çıkmasını sağlamak için streç filmle (plastik) örtün ve ikiye bölün. Tencereyi üç kez çevirerek 10 dakika pişirin. Bu sırada greyfurtun kabuklarını soyun ve zar aralarını kesin. Tavuğu ortaya çıkarın ve greyfurt dilimleri serpin. Şarabı domates püresi, biberiye ve tuzla deglaze edin ve tavuğun üzerine dökün.

Daha önce olduğu gibi örtün ve tam 10 dakika pişirin. Servis yapmadan önce 5 dakika bekletin.

Macar tavuğu ve sebze karışımı

4 tane giyiyorsun

25 gr / 1 ons / 2 yemek kaşığı yağ veya soğan
2 büyük soğan, doğranmış
1 küçük yeşil (yağlı) biber
3 küçük havuç (mavi) ince dilimlenmiş
450 gr kemiksiz tavuk göğsü, doğranmış
15 ml/1 çay kaşığı kırmızı biber
45 ml / 3 yemek kaşığı domates püresi (salça)
150 ml / ¼ pt / 2/3 su bardağı krema (süt).
5-7,5 ml / 1-1 yemek kaşığı tuz

Tereyağını veya sarımsağı 25 cm/10 tavaya (Hollanda fırını) koyun. 1-1½ dakika açıkta ısıtın. Soğanla karıştırın. Tam ateşte 3 dakika pişirin. Yeşil biber, soğan, tavuk, biber ve domates püresi ile karıştırın. Buharın çıkmasını sağlamak için streç filmle (plastik) örtün ve ikiye bölün. Tavayı üç kez çevirerek 5 dakika kızartın. aramak. Yavaş yavaş krema ve tuzu ekleyin. Daha önce olduğu gibi örtün ve tam 8 dakika pişirin. 5 dakika bekletin, sonra karıştırın ve servis yapın.

Bourguignon tavuğu

Kapılar 6

Ana yemek genellikle dana etidir, ancak tavukla daha hafiftir.

25 gr / 1 ons / 2 yemek kaşığı tereyağı veya margarin

2 soğan, doğranmış

1 soğan sarımsak, ezilmiş

750 gr tavuk göğsü, doğranmış

30 ml / 2 yemek kaşığı mısır unu (mısır nişastası)

5 ml/1 porsiyon kıta hardalı

2,5 ml/kaşık kuru ot karışımı

300 ml / ½ puan / 1 ¼ bardak Burgonya şarabı

225 gr mantar, ince dilimlenmiş

5-7,5 ml / 1-1 yemek kaşığı tuz

45 ml / 3 yemek kaşığı kıyılmış maydanoz

Tereyağı veya margarini 25 cm'lik/10 inçlik bir tavaya (Hollanda fırını) koyun. Açtıktan sonra 1,5 dakika içinde eriştelerin erimesini sağlayın. Soğan ve sarımsağı karıştırın. Bir tabakla örtün ve 3 dakika pişirin. Tavuğu aç ve onu bulmalısın. Buharın çıkmasını sağlamak için streç filmle (plastik) örtün ve ikiye bölün. 8 dakika pişirin. Mısır ve hardalı biraz sarımsakla dikkatlice karıştırın ve geri kalanıyla karıştırın. Tavuğun üzerine dökün. Mantar ve tuzla tatlandırın. Daha önce olduğu gibi üzerini kapatın ve sos koyulaşıp köpürmeye başlayana kadar tavayı dört kez çevirerek 8-9 dakika pişirin. 5 dakika bekletin, sonra iyice karıştırın ve servis yapmadan önce maydanoz serpin.

tavuk frikas

Kapılar 6

1920'ler ve 1930'lardan itibaren, her zaman kabarık, yağlı beyaz pirinç ve ızgara (ızgara) domuz ruloları ile yenen tavuk spesiyalitesinin yeniden canlanması. Büyük bir mikrodalga gereklidir.

1,5 kg tavuk budu, derili
1 adet soğan, 8 dilime bölünmüş
2 büyük kereviz çubuğu, ince dilimlenmiş
1 küçük havuç, ince dilimler halinde kesilmiş
2 kalın limon
1 küçük şalgam yaprağı
2 yengeç
Maydanoz
10 ml / 2 yemek kaşığı tuz
300 ml/½ porsiyon/1¼ bardak ılık su
150ml/¼ çay kaşığı/2/3 fincan krema (hafif).
40 gr / 1½ ons / 3 yemek kaşığı tereyağı veya margarin
40 gr / 1½ ons / 1½ yemek kaşığı (çok amaçlı) un.
1 küçük limonun suyu
Tuz ve taze çekilmiş karabiber

Tavuğu 30 cm çapında fırına dayanıklı bir kaba (Hollanda fırını) koyun. Soğan, lahana ve havucu limon kabuğu rendesi, defne yaprağı, kereviz ve 1 diş maydanozla birlikte tencereye ekleyin. Tuzla tatlandırın ve su ekleyin. Buharın çıkmasını sağlamak için streç filmle (plastik) örtün ve ikiye bölün. Tencereyi üç kez çevirerek 24 dakika pişirin. Tavuğu al. Eti kemiklerinden çıkarın ve küçük parçalar halinde kesin. Tenceredeki sıvıyı boşaltın ve 300 ml/½ pt/1¼ fincan ayırın. Ekşi krema ile karıştırın. Tereyağını geniş, sığ bir kaseye koyun. Tamamen açılması 1,5 dakika sürer. Unu çırpın, ardından sıcak et suyu ve kremayı yavaşça karıştırın. Her dakika karıştırarak koyulaşana ve köpürene kadar 5-6 dakika yüksek ateşte pişirin. Limon suyunu ekleyin, tavukla karıştırın ve tadın. Daha önce olduğu gibi üzerini kapatın ve tam 5 dakika ısıtın,

Şaraplı tavuk frixi

Kapılar 6

Chicken frixi gibi hazırlayın ama sadece 150ml et suyu kullanın ve 150ml sek beyaz şarap ekleyin.

nihai tavuk

Kapılar 6

Tavuk Fricasée olarak hazırlayın. Son olarak 5 dakika ısıttıktan sonra, beklettikten sonra, ilave 15ml/1 yemek kaşığı ile karıştırılmış 2 yumurta sarısını ekleyin. Karışımın ısısı yumurta sarısını pişirecektir.

Coq au vin

Kapılar 6

50 gr tereyağ veya margarin
1,5 kg tavuk budu, derili
1 büyük soğan, ince dilimlenmiş
1 soğan sarımsak, ezilmiş
30 ml/2 yemek kaşığı sade (çok amaçlı) un.
300 ml / ½ puan / 1¼ fincan sek kırmızı şarap
1 küp et bulyon
5 ml/1 porsiyon tuz
12 adet kuru soğan veya kuru soğan
60 ml / 4 yemek kaşığı kıyılmış maydanoz
1,5 ml/¼ çay kaşığı kuru kekik
Hizmet etmek için fırında patates ve Brüksel lahanası

Tereyağı veya margarini 30 cm'lik bir tencereye (Hollanda fırını) koyun. 1 dakika boyunca ısıyı açın. Tavuk parçalarını ekleyin ve tüm parçaların yağ ile kaplandığından emin olun, ancak tek kat halinde tutun. Buharın çıkmasını sağlamak için streç filmle (plastik) örtün ve ikiye bölün. Tencereyi üç kez çevirerek 15 dakika pişirin.

Tavuğu açın ve üzerine soğan ve sarımsak serpin. Gerekli parçaları çıkarmak için karıştırarak yavaş yavaş şaraba ekleyin. Bir kraft küpü ezin ve tuz ekleyin. Şarap karışımını tavuğun üzerine dökün. Soğan veya taze soğan ile kaplayın ve maydanoz ve frenk soğanı serpin. Daha önce olduğu gibi örtün ve tavayı üç kez döndürerek tam 20 dakika pişirin. 6 dakika bekletin.

mantar şarabı

Kapılar 6

Coq au Vin olarak hazırlayın, ancak 125g/4oz mantarları doğranmış veya salamura edilmiş soğanlarla değiştirin.

kola da var

Kapılar 6

Coq au Vin ile aynısını hazırlayın, ancak yemeği daha lezzetli hale getirmek için şarabı Kola ile değiştirin.

Dahili güverte davulları

4 tane giyiyorsun

15 ml / 1 yemek kaşığı İngiliz hardalı tozu
10 ml/2 porsiyon sıcak köri tozu
10 ml/2 porsiyon kırmızı biber
1,5 ml / ¼ yemek kaşığı biber
2,5 ml/çay kaşığı tuz
1 kg tavuk budu (yaklaşık 12 adet)
45ml / 3 yemek kaşığı sarımsak yağı

Zencefil, köri, kırmızı biber, kırmızı biber ve tuzu karıştırın. Kancanın her tarafını kaplamak için kullanın. Kemiği, kemiğin merkezine ulaşacak şekilde yaklaşık tekerlek jant teli büyüklüğünde 25 cm/10-derinliğinde bir tabağa yerleştirin. Sarımsakları 1 dakika kavurun. Davulları eritilmiş tereyağı ile fırçalayın. Buharın çıkmasını sağlamak için streç filmle (plastik) örtün ve ikiye bölün. Tavayı iki kez çevirerek 16 dakika pişirin.

Tavuk Avcıları

Kapılar 6

"Avcı tavuğu" olarak çevrilebilecek bir İtalyan yemeği.

1,5 kilo tavuk parçaları
15 ml/1 yemek kaşığı zeytinyağı
1 büyük soğan, ince dilimlenmiş
1 soğan sarımsak, ezilmiş
30 ml/2 yemek kaşığı sade (çok amaçlı) un.
5 adet domates, soyulmuş, çekirdekleri çıkarılmış ve doğranmış
150 ml/¼ puan/2/3 fincan sıcak et suyu
45 ml / 3 yemek kaşığı domates püresi (salça)
15 ml / 1 yemek kaşığı kahverengi sofra sosu
125 gr dilimlenmiş mantar
10 ml / 2 yemek kaşığı tuz
10 ml / 2 yemek kaşığı yumuşak koyu kahverengi şeker
45 ml/3 yemek kaşığı Marsala veya orta kuru şeri
Ekşi krema ve marul salatası içinde patates ile servis yapın

Tavuğu 12 inçlik (30 cm) bir fırın tepsisine (Hollanda fırını) yerleştirin. Buharın çıkmasını sağlamak için streç filmle (plastik) örtün ve ikiye bölün. Tavayı iki kez çevirerek 15 dakika pişirin. Bu arada sade sosu hazırlayın. Tavaya yağı alıp soğan ve sarımsağı ekleyin. Hafifçe kızarana kadar kızartın (sos). Unu ilave edin, ardından domatesleri, çorbayı, patates püresini ve kahverengi sosu ekleyin. Sosu kaynayana ve koyulaşana kadar pişirin. Diğer tüm malzemeleri karıştırıp tavukların üzerine dökün. Daha önce olduğu gibi örtün ve tavayı üç kez döndürerek tam 20 dakika pişirin. 5 dakika bekletin. Patates kreması ve salata karışımı ile servis edilir.

tavuğu kovala

Kapılar 6

Chicken Cacciatore gibi hazırlayın, ancak sek beyaz şarabı marsala veya şeri ile değiştirin.

Marengo tavuğu

Kapılar 6

Napolyon Bonapart'ın kişisel şefi tarafından, Avusturya'nın 1800 civarında kuzey İtalya'daki Verona yakınlarındaki Marengo Muharebesi'ndeki yenilgisinden sonra savaş alanında icat edildi.

Chicken Cacciatore gibi hazırlayın, ancak yalnızca 50g/2oz mantar kullanın ve sek beyaz şarabı Marsala veya Sherry ile değiştirin. Diğer tüm malzemeleri karıştırırken 12-16 adet küçük çekirdeği çıkarılmış siyah zeytin ve 60 ml/4 yemek kaşığı kıyılmış maydanoz ekleyin.

günün tavuğu

4 tane giyiyorsun

50 gr tereyağı veya margarin, yumuşak
15 ml/1 yemek kaşığı hafif hardal
5 ml/1 yemek kaşığı sarımsak ezmesi (salça)
5 ml/1 porsiyon domates püresi (salça)
90 ml / 6 yemek kaşığı susam, hafif kavrulmuş
4 parça tavuk, her biri 225 gr, derili

Tereyağını veya margarini sarımsak, sarımsak ve domates püresi ile krema haline getirin. Kimyon tohumları ekleyin. Karışımı tavukların üzerine eşit şekilde yayın. Ortasında bir delik bırakın ve 25 cm çapında derin bir tabağa koyun. Tavayı dört kez çevirerek 16 dakika yüksekte pişirin. Servis yapmadan önce 5 dakika bekletin.

Kaptan

Kapılar 6

Uzun zaman önce Kuzey Amerika'nın güney eyaletlerine seyahat eden bir deniz kaptanı tarafından hazırlanan hafif bir Doğu Hint usulü tavuk köri. ABD'de dört gözle beklediğimiz bir şey haline geldi.

50 gr tereyağ veya margarin
2 soğan, doğranmış
1 soğan, doğranmış
1,5 kg tavuk budu, derili
15 ml/1 yemek kaşığı sade (çok amaçlı) un.
15 ml/1 yemek kaşığı hafif köri tozu
60 ml/4 yemek kaşığı badem, beyazlatılmış, pul pul dökülmüş, ikiye bölünmüş ve hafifçe kızartılmış
1 küçük yeşil (yağlı) biber, çekirdeksiz ve ince dilimlenmiş
45 ml / 3 yemek kaşığı kuru üzüm (altın kuru üzüm)
10 ml / 2 yemek kaşığı tuz
400g/14oz/1 büyük doğranmış domates
5 ml/1 porsiyon şeker

275g/10oz/1¼ fincan pişmiş uzun taneli pirinç

Tereyağı veya margarini 30 cm'lik bir tencereye (Hollanda fırını) koyun. Sıcak, üstü açık, yüksek güçte 1,5 dakika. Soğan ve kereviz ekleyin ve iyice karıştırın. İki kez karıştırın ve tam ateşte 3 dakika pişirin. Tavuk bacaklarını ekleyin ve iyice kaplanana kadar yağ ve bitki karışımına atın. Un, köri tozu, badem, karabiber ve tuz serpin. Buharın çıkmasını sağlamak için streç filmle (plastik) örtün ve ikiye bölün. 8 dakika pişirin. Tuzu domates ve şekerle karıştırın. Tavuğu çıkarın ve domatesleri dökün. Daha önce olduğu gibi örtün ve tavayı iki kez çevirerek 21 dakika pişirin. Pilavla servis yapmadan önce 5 dakika bekletin.

Domates ve kapari soslu tavuk

Kapılar 6

6 tavuk budu, 225 gr/8 ons, derili
Sade (çok amaçlı) un.
50 gr tereyağ veya margarin
3 dilim domuz pastırması, doğranmış
2 büyük soğan, doğranmış
2 diş sarımsak, ince kıyılmış
15 ml/1 yemek kaşığı, düzeltilmiş
400g/14oz/1 büyük doğranmış domates
15 ml / 1 yemek kaşığı yumuşak koyu kahverengi şeker
5 ml/1 çay kaşığı kuru bitki karışımı
15 ml / 1 yemek kaşığı domates püresi (salça)
15 ml / 1 yemek kaşığı kıyılmış fesleğen yaprağı
15 ml / 1 yemek kaşığı kıyılmış maydanoz

Tavuk butlarını un ile toz haline getirin. Tereyağı veya margarini 30 cm'lik bir tencereye (Hollanda fırını) koyun. Isıyı 2 dakika açın. Pastırma, soğan, sarımsak ve kaparileri karıştırın. İki kez karıştırın ve tam ateşte 4 dakika pişirin. Tavuğu ekleyin ve tereyağı veya margarin karışımı ile iyice kaplanana kadar karıştırın. Buharın çıkmasını sağlamak için streç filmle (plastik) örtün ve ikiye bölün. Tavayı üç kez çevirerek 12 dakika pişirin. İyice karıştırın ve kalan malzemeleri ekleyin. Daha önce olduğu gibi örtün ve tam 18 dakika pişirin. Servis yapmadan önce 6 dakika bekletin.

tavuk biber

4 tane giyiyorsun

Kırmızı biber olarak telaffuz edilen bu tavuk fantazisi, en popüler Macar yemeklerinden biri olan gulaş ile ilişkilendirilir.

1,5 kilo tavuk parçaları
1 büyük soğan, doğranmış
1 yeşil biber (yağ), çekirdeği çıkarılmış ve doğranmış
1 soğan sarımsak, ezilmiş
30 ml / 2 yemek kaşığı mısır yağı veya eritilmiş tereyağı
45 ml/3 yemek kaşığı sade (çok amaçlı) un.
15 ml/1 çay kaşığı kırmızı biber
300 ml/½ çay kaşığı/1¼ fincan sıcak tavuk suyu
30 ml / 2 yemek kaşığı domates püresi (salça)
5 ml/1 porsiyon yumuşak koyu kahverengi şeker
2,5 ml/½ çay kaşığı kimyon tohumu
5 ml/1 porsiyon tuz
150ml/5oz/2/3 fincan taze krema
Fırında küçük makarna şekilleri

Tavuk parçalarını 30 cm'lik fırına dayanıklı bir kaba (Hollanda fırını) yerleştirin. Buharın çıkmasını sağlamak için streç filmle (plastik) örtün ve ikiye bölün. Tavayı iki kez çevirerek 15 dakika pişirin. Bu arada sade sosu hazırlayın. Bir tencereye (kazan) soğan, biber, sarımsak ve yağı koyun ve sebzeler yumuşak ama kahverengi olana kadar dikkatlice kızartın. Un ve kırmızı biberi karıştırın, ardından yavaş yavaş çorbaya ekleyin. Karıştırırken kaynatın. Crème fraîche ve makarna hariç kalan malzemeleri karıştırın. Tavuğu çıkarın ve zaten plaka üzerinde bulunan meyve sularının bir kısmını dökerek sosu dökün. Üzerine bir kaşık taze krema koyun. Daha önce olduğu gibi örtün ve tavayı üç kez döndürerek tam 20 dakika pişirin. Hafif makarna ile servis yapın.

Doğu tavuklarının tonları

6-8 öğün

Hint ve Endonezya etkileri ve tatları bu ciddi tavuk tarifinde bir araya geliyor.

15 ml / 1 yemek kaşığı nohut (bezelye) yağı.

3 orta boy soğan, doğranmış

2 diş sarımsak, ince kıyılmış

900 gr kemiksiz tavuk göğsü, derisi ve ince şeritler halinde kesilmiş

15 ml/1 yemek kaşığı mısır unu (mısır nişastası)

60 ml / 4 yemek kaşığı fıstık yağı

150 ml/¼ pt./2/3 bardak su

7,5 ml / 1½ yemek kaşığı tuz

10 ml/2 yemek kaşığı köri ezmesi

2,5 ml / ½ yemek kaşığı kişniş (kişniş)

2,5 ml/kaşık öğütülmüş zencefil

5 patates kabuğundan tohumlar

60 ml / 4 yemek kaşığı tuzlanmış ceviz, iri kıyılmış

2 domates, dilimlenmiş

25 cm'lik bir tavayı (Hollanda fırını) açıkta 1 dakika ısıtın. Soğanı ve sarımsağı ekleyin ve yüksek ateşte iki kez karıştırarak 3 dakika pişirin. Tavuğu ilave edin ve her dakika gevşetmek için bir çatalla karıştırarak 3 dakika açıkta pişirin. Üzerine buğday serpilir. Rezene ve domates hariç tüm malzemelerle çalışın. Buharın çıkmasını sağlamak için streç filmle (plastik) örtün ve ikiye bölün. Tavayı dört kez çevirerek 19 dakikaya kadar pişirin. 5 dakika bekletin. Servis yapmadan önce ceviz ve domates dilimleri ile süsleyin.

Goreng'imiz

Kapılar 6

Bir Hollanda-Endonezya spesiyalitesi.
175 gr / 6 ons / ¾ fincan uzun taneli hafif pişmiş pirinç
50 gr tereyağ veya margarin
2 soğan, doğranmış
2 pırasa, sadece beyaz kısmı, çok ince dilimlenmiş
1 yeşil biber, çekirdekleri çıkarılmış ve doğranmış (isteğe bağlı)
350 gr / 12 ons / 3 su bardağı soğuk pişmiş tavuk, ince kıyılmış
30ml/2 yemek kaşığı soya sosu
1 klasik omlet, dilimlenmiş
1 büyük domates, dilimlenmiş

Pirinci paketin üzerindeki talimatlara göre pişirin. Boşver. Tereyağı veya margarini 25 cm'lik/10 inçlik bir tavaya (Hollanda fırını) koyun. 1 dakika boyunca ısıyı açın. Kullanıyorsanız soğan, pırasa ve frenk soğanı ilave edin. Tam ateşte 4 dakika pişirin. Pirinç, tavuk ve soya sosunu karıştırın. Bir tabakla örtün ve yüksek ateşte üç kez karıştırarak 6-7 dakika pişirin. Çizgili omlet şeritleri ve domates dilimleri ile süsleyin.

hindi bifteği

Bölüm 6

1 Hintli, istenen boyutta (kişi başına 350g pişmemiş ağırlığa izin verilir)

Yeterli

Kanatların ve bacakların uçlarını folyo ile sarın. Hindiyi göğüs kısmı alta gelecek şekilde kuşun rahatça sığabileceği büyüklükte bir tabağa koyun. Vücudun kenarından dışarı çıkarsa endişelenmeyin. Streç filmle (plastik sargı) örtün ve 4 kez bastırın. 450g/1lb'de 4 dakika yüksekte pişirin. Fırından çıkarın ve göğsü üstte olacak şekilde kuşu dikkatlice çevirin. Kuş pürüzsüzse ve tavuk kendinden memnunsa, yağ bazlı bir macunla kalın bir şekilde kaplayın. Daha önce olduğu gibi üzerini kapatın ve 450g/1lb'de 4 dakika daha pişirin. Kek kalıbına aktarın ve folyo ile kaplayın. 15 dakika bekletin, sonra dilimleyin.

İspanya Türkiye

4 tane giyiyorsun

30 ml / 2 yemek kaşığı zeytinyağı
4 kemiksiz hindi, her biri 175 gr
1 soğan, doğranmış
12 zeytin, doğranmış
2 haşlanmış yumurta (sayfa 98–9), soyulmuş ve doğranmış
30 ml / 2 yemek kaşığı kıyılmış maydanoz
2 domates, ince dilimlenmiş

Yağı 20 cm/8 inçlik bir tavada üstü açık olarak tam ateşte 1 dakika ısıtın. Tavayı ekleyin ve her iki tarafı da kaplamak için yağı iyice atın. Soğan, zeytin, yumurta ve salatalığı bir çorba kaşığı hindi ile eşit şekilde karıştırın. Domates dilimleri ile süsleyin. Buharın çıkmasını sağlamak için streç filmle (plastik) örtün ve ikiye bölün. Tencereyi beş kez çevirerek 15 dakika pişirin. Servis yapmadan önce 5 dakika bekletin.

hindi takoları

4 tane giyiyorsun

tacolar için:

450 gr/1 lb/4 su bardağı kıyılmış tavuk

1 küçük soğan, doğranmış

2 diş sarımsak, ince kıyılmış

5 ml/1 yemek kaşığı kimyon tohumu, isteğe göre öğütülmüş

2,5-5 ml / ½ - 1 çay kaşığı toz kırmızı biber

30 ml / 2 yemek kaşığı kıyılmış kişniş yaprağı

5 ml/1 porsiyon tuz

60 ml / 4 yemek kaşığı su

4 adet iri karınca satın alındı

içine atılan salata

Avokado sosu için:

1 büyük olgun avokado

15-20 ml/3-4 yemek kaşığı marketten alınmış sıcak salsa

1 misket limonunun suyu

Tuz

60 ml / 4 yemek kaşığı krema (süt).

Takoları yapmak için 20 cm'lik kelepçeli bir kalıbın dibine hindiyi dizin. Bir tabakla örtün ve 6 dakika pişirin. Etin tanelerini çatalla kırın. Tortilla ve salata hariç kalan malzemeleri karıştırın. Buharın çıkmasını sağlamak için streç filmle (plastik) örtün ve ikiye bölün. Tavayı dört kez çevirerek 8 dakika yüksekte pişirin. 4 dakika bekletin. İyice karıştırın. Karıncaların üzerine eşit miktarda karınca koyun, salatayı ekleyin ve yuvarlayın. Bir tabağa aktarın ve sıcak tutun.

Avokado sosunu yapmak için avokadoyu ikiye bölün, posasını çıkarın ve püre haline getirin. Salsa, limon suyu ve tuzu karıştırın. Tacoları dört sıcak tabağa aktarın, her birinin üzerine avokado karışımı ve 1 yemek kaşığı/15ml ekşi krema ekleyin. Hemen ye.

gözleme taco

4 tane giyiyorsun

Onları hindi takoları gibi yapın, ancak mağazadan satın alınan tortillaları ev yapımı dörtlü kreplerle değiştirin.

hindi ekmeği

4 tane giyiyorsun

450 gr çiğ öğütülmüş hindi (kıyılmış).
1 soğan sarımsak, ezilmiş
30 ml/2 yemek kaşığı sade (çok amaçlı) un.
2 büyük yumurta
10 ml / 2 yemek kaşığı tuz
10 ml / 2 yemek kaşığı kuru kekik
5 ml/1 porsiyon Worcestershire sosu
20 ml / 4 yemek kaşığı
Kızarmış patates
Haşlanmış lahana
Peynir sosu

Arpacık soğanı, sarımsak, un, yumurta, tuz, kekik, Worcestershire sosu ve cevizleri karıştırın. Islak ellerle 15 cm çapında bir somun oluşturun. Derin bir tabağa aktarın, üzerini streç filmle (streç folyo) kapatın ve buharın çıkması için iki kez kesin. 9 dakika boyunca tamamen kaynatın. 5 dakika bekletin. Dörde bölün ve ceketli patates ve lahana ile servis yapın, üzerine peynir sosu dökün ve genellikle ızgara yapın (broyler).

Madras türkiye köri

4 tane giyiyorsun

Noel hindinizi tüketmek için sağlıklı bir tarif.

30 ml / 2 yemek kaşığı mısır veya ayçiçek yağı
1 soğan, çok ince dilimlenmiş
1 soğan sarımsak, ezilmiş
30 ml / 2 yemek kaşığı kuru üzüm
30 ml / 2 yemek kaşığı hindistan cevizi (rendelenmiş).
25 ml/1½ yemek kaşığı (çok amaçlı) un.
20 ml/4 porsiyon sıcak köri tozu
300 ml / ½ puan / 1¼ su bardağı kaynar su
30 ml / 2 yemek kaşığı tek krem (hafif).
2,5 ml/çay kaşığı tuz
½ limon suyu
350 gr/3 su bardağı soğuk pişmiş hindi, dilimlenmiş
Hint ekmeği, salata karışımı ve servis için Hint turşusu

1,5 litrelik bir tencereye soğan, sarımsak, kuru üzüm ve hindistancevizi pullarını koyun. İyice karıştırın. Tam ateşte 3 dakika pişirin. Un, köri, su, krema, tuz, limon suyu ve hindiyi karıştırın. Bir tabakla örtün ve köri koyulaşana ve köpürmeye başlayana kadar iki kez karıştırarak 6-7 dakika pişirin. 3 dakika bekletin. Hint ekmeği, salata ve Hint turşusu ile karıştırın ve servis yapın.

Meyveli meyve köri

4 tane giyiyorsun

30 ml / 2 yemek kaşığı tereyağı veya margarin

10 ml / 2 yemek kaşığı zeytinyağı

2 soğan, doğranmış

15 ml/1 yemek kaşığı hafif köri tozu

30 ml/2 yemek kaşığı sade (çok amaçlı) un.

150ml/¼ çay kaşığı/2/3 fincan krema (hafif).

90 ml / 6 yemek kaşığı doğal süzme yoğurt

1 soğan sarımsak, ezilmiş

30 ml / 2 yemek kaşığı domates püresi (salça)

5 ml / 1 çay kaşığı garam masala

5 ml/1 porsiyon tuz

1 küçük limonun suyu

4 tatlı elma, soyulmuş, özlü, dörde bölünmüş ve ince dilimlenmiş

30 ml / 2 yemek kaşığı herhangi bir meyveli çiğneme

450 gr soğuk pişmiş hindi, dilimlenmiş

Tereyağı veya margarini ve sıvı yağı 25 cm'lik bir tavaya (Hollanda fırını) koyun. Sıcak, üstü açık, yüksek güçte 1,5 dakika. Soğanla karıştırın. İki kez karıştırın ve tam ateşte 3 dakika pişirin. Köri, un, ekşi krema ve yoğurdu karıştırın. 2 dakika boyunca tam ateşte pişirin. Diğer tüm malzemeleri ekleyin. Bir kapakla örtün ve 12-14 dakika tam ateşte pişirin, her 5 dakikada bir karıştırarak tamamen ısınana kadar pişirin.

Türkiye ekmek ve tereyağlı kek

4 tane giyiyorsun

75 gr tereyağ veya margarin
60 ml / 4 yemek kaşığı rendelenmiş Parmesan peyniri
2,5 ml/tk kuru kekik
1,5 ml / ¼ çay kaşığı normal bitki
5 ml/1 yemek kaşığı limon kabuğu
4 büyük dilim beyaz veya esmer ekmek
1 soğan, doğranmış
50 gr dilimlenmiş mantar
45 ml/3 yemek kaşığı sade (çok amaçlı) un.
300 ml/½ çay kaşığı/1¼ fincan sıcak tavuk suyu
15 ml/1 yemek kaşığı limon suyu
45 ml / 3 yemek kaşığı tek krem (light).
225 gr/8 ons/2 su bardağı soğuk pişmiş tavuk, kıyılmış
Tuz ve taze çekilmiş karabiber

Tereyağı veya margarinin yarısını peynir, kekik, mus ve limon kabuğu rendesi ile krema haline getirin. Ekmeğin üzerine yayın, ardından her dilimi dört üçgene bölün. Kalan 20cm/8" derinliğindeki tabağa tereyağı veya margarini koyun. Sıcak, üstü açık, yüksek güçte 1,5 dakika. Soğan ve mantarları ekleyin. İki kez karıştırın ve tam ateşte 3 dakika pişirin. Unu çırpın, ardından yavaş yavaş et suyu, limon suyu ve kremayla karıştırın. Tavuğu deneyin ve baharatlayın. Bir tabakla örtün ve üç kez karıştırarak tamamen ısınana kadar yaklaşık 8 dakika pişirin. Mikrodalgadan çıkarın. Ekmek üçgenleri ve sıcak bir ızgara (broyler) altında kızarın.

Hindi ve doldurma ile pirinç

4-5 öğün

225 gr/8 ons/1 su bardağı uzun taneli hafif pişmiş pirinç
300 ml/10 fl oz/1 kutu yoğunlaştırılmış kremalı mantar çorbası
300 ml / ½ puan / 1¼ su bardağı kaynar su
225 gr / 8 ons / 2 su bardağı tatlı mısır (mısır)
50g/2oz/½ fincan bütün ceviz
175g / 6oz / 1½ su bardağı pişmiş hindi, doğranmış
50g/2oz soğuk, doğranmış
Hizmeti için lahana salatası

İç malzeme hariç tüm malzemeleri 1,75L/3 litre/7½ fincanlık bir pişirme kabına koyun. İyice karıştırın. Buharın çıkmasını sağlamak için streç filmle (plastik) örtün ve ikiye bölün. 25 dakika pişirin. Bir çatalla örtün ve pirinci dağıtmak için karıştırın. Soğuk doldurma ile örtün. Bir tabakla örtün ve 2 dakika pişirin. 4 dakika bekletin. Tekrar karıştırın ve lahana salatası ile servis yapın.

Hindi Portakallı Sırlı Kestane

Hizmetler 4-6

Minimum israfla bir düğün isteyen küçük aileler için.

40 gr / 1½ ons / 3 yemek kaşığı yağ
15 ml / 1 yemek kaşığı domates ketçapı (kedi)
10 ml / 2 yemek kaşığı karabiber
5 ml/1 porsiyon kırmızı biber
5 ml/1 porsiyon Worcestershire sosu
1 ince rendelenmiş satsuma veya clementine
Bir tutam kabuğu
1,5 ml/¼ çay kaşığı öğütülmüş tarçın
Yaklaşık 1 hindi. 1 kg / 2¼ fit

Bir kapta hindi hariç tüm malzemeleri karıştırın. Fırında 1 dakika üstü açık olarak ısıtın. 25 cm'lik bir kek kalıbını (Hollanda fırını) kabartma tozunun yarısı ile kaplayın. Buharın çıkmasını sağlamak için streç filmle (plastik) örtün ve ikiye bölün. 10 dakika pişirin. Döşü ters çevirin ve kalan yağla fırçalayın. Daha önce olduğu gibi örtün ve tavayı üç kez çevirerek 10 dakika daha pişirin. Dilimlemeden önce 7-10 dakika bekletin.

tatlı ve ekşi ördek

4 tane giyiyorsun

1 ördek, yaklaşık 2,25 kg, yıkanmış ve kurutulmuş
45 ml/3 yemek kaşığı Mango Chewy
fasulye büyüyor
175g/6oz/¾ fincan kahverengi pirinç, pişmiş

25cm/10mm'lik fırına dayanıklı bir kaba (Hollanda fırını) kubbeli bir çay tabağına yerleştirin. Buharın çıkmasını sağlamak için streç filmle (plastik) örtün ve ikiye bölün. 20 dakika pişirin. Yağı ve suyu dikkatlice boşaltın. Arkanı dön ve kovayı göğsünün üzerine yay. Daha önce olduğu gibi örtün ve 20 dakika daha pişirin. Dört parçaya bölün ve fasulye filizi ve pilav ile servis yapın.

kanton ördeği

4 tane giyiyorsun

45 ml/3 yemek kaşığı kuru erik (konserve)
30 ml / 2 yemek kaşığı Çin pirinç şarabı
10 ml/2 porsiyon hafif hardal
5 ml/1 çay kaşığı limon suyu
10ml/2 yemek kaşığı soya sosu
1 ördek, yaklaşık 2,25 kg, yıkanmış ve kurutulmuş

Kayısı reçeli, pirinç şarabı, hardal, limon suyu ve soya sosunu küçük bir kaseye koyun. İki kez karıştırarak 1-1½ dakika ısıtın. 25cm/10mm'lik fırına dayanıklı bir kaba (Hollanda fırını) kubbeli bir çay tabağına yerleştirin. Buharın çıkmasını sağlamak için streç filmle (plastik) örtün ve ikiye bölün. 20 dakika pişirin. Yağı ve suyu dikkatlice boşaltın. Ters çevirin ve kayısıların üzerine yayın. Daha önce olduğu gibi örtün ve tam 20 dakika pişirin. Dört parçaya bölün ve servis yapın.

portakal soslu ördek

4 tane giyiyorsun

Genellikle mikrodalgada çok kısa sürede kolayca yeniden ısıtılabilen üst düzey bir lükstür. Bir parti merkezi için su teresi ve taze portakal dilimleri ile süsleyin.

1 ördek, yaklaşık 2,25 kg, yıkanmış ve kurutulmuş

Sosu için:
Büyük bir portakalın ince rendelenmiş kabuğu
2 portakalın suyu
30ml/2 yemek kaşığı doğranmış limon marmelatı
15 ml / 1 yemek kaşığı frenk üzümü jölesi (temiz tutun)
30 ml / 2 yemek kaşığı portakal likörü
5 ml/1 porsiyon soya sosu
10 ml/2 porsiyon mısır unu (mısır unu)

25cm/10mm'lik fırına dayanıklı bir kaba (Hollanda fırını) kubbeli bir çay tabağına yerleştirin. Buharın çıkmasını sağlamak için streç filmle (plastik) örtün ve ikiye bölün. 20 dakika pişirin. Yağı ve suyu dikkatlice boşaltın. Arkanı dön. Daha önce olduğu gibi örtün ve tam 20 dakika pişirin. Dört parçaya kesin, bir tabağa aktarın ve sıcak tutun. Pişirme suyundan yağı dökün.

Sosu yapmak için mısır taneleri hariç tüm malzemeleri bir ölçü kabına koyun. Hazırlanan meyve sularını ekleyin. 300 ml'lik bir bardağı sıcak suyla doldurun. Mısır unu ile birkaç yemek kaşığı soğuk suyu ince bir macun haline getirin. Tencereye ekleyin ve iyice karıştırın. Üç kez karıştırın ve tam ateşte 4 dakika pişirin. Ördeğin üzerine dökün ve hemen servis yapın.

Fransızca ördek

4 tane giyiyorsun

1 ördek, yaklaşık 2,25 kg, yıkanmış ve kurutulmuş
12 bıçak
1 soğan, ince dilimlenmiş
2 diş sarımsak, ince kıyılmış

Sosu için:
300 ml/½ puan/1¼ bardak kuru elma şarabı
5 ml/1 porsiyon tuz
10 ml / 2 yemek kaşığı salça (salça)
30 ml / 2 yemek kaşığı
15 ml/1 yemek kaşığı mısır unu (mısır nişastası)
Servis için pişmiş tagliatelle

25cm/10mm'lik fırına dayanıklı bir kaba (Hollanda fırını) kubbeli bir çay tabağına yerleştirin. Frenk soğanı, kereviz ve sarımsağı ördeğin etrafına dizin. Kabı streç filmle (plastik) örtün ve buharın çıkması için iki kez kesin. 20 dakika pişirin. Yağı ve meyve sularını et suyundan çıkarın ve süzün. Arkanı dön. Daha önce olduğu gibi örtün ve tam 20 dakika pişirin. Dört parçaya kesin, bir tabağa aktarın ve sıcak tutun. Pişirme suyundan yağı dökün.

Sosu yapmak için elma suyunu bir ölçü kabına koyun. Tuz, domates püresi, taze krema, pişirme suyunun suyu ve mısır ununu karıştırın. Her dakika karıştırarak koyulaşana ve köpürene kadar 4-5 dakika yüksek ateşte pişirin. Ördek ve eriklerin üzerine dökün ve tagliatelle ile servis yapın.

Kemikleri kızartmak ve et parçalarını kızartmak

Mikrodalga güvenli bir rafta büyük bir tabağa derili tarafı aşağı gelecek şekilde yerleştirin. Bir parça streç filmle (plastik) örtün. Her 450g/1lb için pişirmeniz gerekenler:

- Domuz eti - 9 dakika
- Jambon - 9 dakika
- Kuzu - 9 dakika
- Biftek - 6-8 dakika

Eşit pişirme için tavayı her 5 dakikada bir döndürün ve ellerinizi ocaktan uzak tutun. Pişirme süresinin yarısında 5-6 dakika dinlendirin. Pişirdikten sonra parçaları bir kesme tahtasına aktarın ve çift folyo ile kaplayın. Dilimlemeden önce büyüklüğüne göre 5-8 dakika bekletin.

Portakal ve misket limonu ile tatlı ve ekşi domuz eti

4 tane giyiyorsun

4 domuz bonfile, kırpıldığında 175g
60 ml / 4 yemek kaşığı domates ketçapı (kedi)
15 ml/1 yemek kaşığı teriyaki sos
20 ml/4 porsiyon malt sirkesi
5 ml/1 çay kaşığı ince rendelenmiş limon kabuğu rendesi
1 portakalın suyu
1 diş sarımsak, ezilmiş (isteğe bağlı)
350 gr/1½ su bardağı kahverengi pirinç, pişmiş

Çapı 25 cm / derinliği 10 cm olan çorbaları sıralayın. Pirinç ve bir kaşık hariç diğer tüm malzemeleri karıştırın. Buharın çıkmasını sağlamak için streç filmle (plastik) örtün ve ikiye bölün. Tencereyi dört kez çevirerek 12 dakika pişirin. Kahverengi pirinçle servis yapmadan önce 5 dakika bekletin.

et et

8-10 öğün

Kanıtlanmış ve çok yönlü aile yeri. Ilık, baharatlı veya Portekiz soslu veya rustik domates soslu dilimlenmiş, haşlanmış patates veya makarna peyniri ve çeşitli sebzelerle servis edilen harika bir lezzet. Alternatif olarak, zengin bir mayonez veya salata sosu ve salata ile soğuk olarak yiyebilirsiniz. Sandviçler için ince dilimleyin ve salata, doğranmış taze soğan ve domates ile kullanın veya klasik bir Fransız mezesi olarak turşusu ve tam buğday ekmeği ile servis yapın.

125 gr hafif beyaz ekmek
450g/1lb yağsız sığır eti (kıyılmış).
450 g/1 lb/4 fincan kıyılmış tavuk (kıyılmış).
10 ml / 2 yemek kaşığı tuz
3 diş sarımsak, ince kıyılmış
4 büyük yumurta
10 ml/2 yemek kaşığı Worcestershire sosu
10ml/2 porsiyon koyu soya sosu
10ml/2 yemek kaşığı hazır hardal

23 cm derinliğinde bir kalıbı hafifçe yağlayın. Ekmek kırıntılarını bir mutfak robotunda ezin. Kalan tüm malzemeleri ekleyin ve karışım birleşene kadar nabız atın. (Ekmek ağır ve kalın olacağından fazla kabartmayın.) Porsiyonlara ayırın. Et karışımı bir

halka oluşturacak şekilde ortasına bir kavanoz bebek reçeli (konserve) veya basit bir yumurta kabı itin. Buharın çıkmasını sağlamak için streç filmle (plastik) örtün ve ikiye bölün. Tavayı iki kez çevirerek 18 dakika pişirin. Ekmek bir yandan diğer yana küçülür. Sıcak servis edilirse 5 dakika bekletin.

Hindi ve sosisli kare

8-10 öğün

Biftek olarak hazırlayın, ancak kıyılmış (kesilmiş) sığır etini 450g/1lb sığır eti veya domuz sosisi ile değiştirin. 20 dakika yerine maksimum 18 dakika pişirin.

Domuz bonfile giydirin

4 tane giyiyorsun

4 domuz bonfile, kırpıldığında 175g
30 ml / 2 yemek kaşığı tereyağı veya margarin
5 ml/1 porsiyon kırmızı biber
5 ml/1 porsiyon soya sosu
5 ml/1 porsiyon Worcestershire sosu

Çapı 25 cm / derinliği 10 cm olan çorbaları dizin. Tereyağını veya margarini tavada 1,5 dakika eritin. Geri kalan malzemeleri karıştırıp köftelerin üzerine dökün. Buharın çıkmasını sağlamak için streç filmle (plastik) örtün ve ikiye bölün. Tencereyi dört kez çevirerek 9 dakika pişirin. 4 dakika bekletin.

Domuz eti ve ananaslı Hawaii yüzüğü

Kapılar 6

Hassasiyet, yumuşaklık ve harika tat, tropik Hawaii adasından gelen bu et ve meyve tarifini karakterize eder.

15 ml / 1 yemek kaşığı nohut (bezelye) yağı.
1 soğan, ince dilimlenmiş
2 diş sarımsak, ince kıyılmış
900g domuz eti, dilimlenmiş
15 ml/1 yemek kaşığı mısır unu (mısır nişastası)
400g/14oz/3½ bardak doğal suda ezilmiş konserve ananas
45ml/3 yemek kaşığı soya sosu
5 ml // 1 çay kaşığı öğütülmüş zencefil
Yeni lokasyon karabiber

23 cm/9 derin tabağın altını ve yanlarını yıkayın. Soğan ve sarımsağı ekleyip yüksek ateşte 3 dakika kavurun. Domuz eti, mısır, ananas ve suyu, soya sosu ve zencefili karıştırın. Bir açıyla sezon. Ortada biraz boşluk bırakarak halkayı pastanın iç kenarına yerleştirin. Buharın çıkmasını sağlamak için streç filmle (plastik) örtün ve ikiye bölün. Tavayı dört kez çevirerek 16 dakika yüksekte pişirin. 5 dakika bekletin ve servis yapmadan önce karıştırın.

Pastırma ve ananas ile Hawai güveç

Kapılar 6

Hawai domuz eti ve ananas gülü yapın, ancak domuz eti kesilmemiş yumuşak jambonla değiştirin.

Noel jambonu

10-12 öğün

Bir Noel veya Yeni Yıl büfesi için mükemmel olan bu mikrodalgada pişirilebilir mars, nemli, sulu ve güzel bir şekilde şekillendirilmiştir. Bu, tatmin edici sonuçlar için maksimum boyuttur.

Jambon, maksimum ağırlık 2,5 kg / 5½ ft
50 gr / 2 ons / 1 su bardağı renkli galeta unu
Bütün yengeçler

Eklem, tuz içeriğini azaltmak için önce pişirilir. Tavuğu büyük bir tencereye koyun, üzerini soğuk suyla kapatın, kaynatın ve süzün. Tekrarlamak için. Rulo parçaları ölçün ve 450g/1lb'lik tam pişirme süresinin 8 dakika olmasına izin verin. Karışımı mikrodalgada doğrudan cam plakanın üzerine koyun veya büyük, düz bir kaseye koyun. Dar bir ucu varsa, aşırı yapışmayı önlemek için bir parça folyo ile örtün. Tavuğu mutfak kağıdıyla örtün ve pişirme süresinin yarısı kadar pişirin. 30 dakika mikrodalga. Kullanıyorsanız folyoyu çıkarın, bifteği ters çevirin ve mutfak kağıdıyla kaplayın. Kaynatın ve 30 dakika daha bırakın. Bir tabağa aktarın. Cildi çıkarın, yağı soyun ve ardından küçük parçalar halinde kesin. Her elması bir portakalla oynayın.

Sırlı Tavla Şatosu

10-12 öğün

Jambon, maksimum ağırlık 2,5 kg / 5½ ft
50 gr / 2 ons / 1 su bardağı renkli galeta unu
Bütün yengeçler
60 ml / 4 yemek kaşığı demerara şekeri
10 ml / 2 yemek kaşığı hardal tozu
60 ml / 4 yemek kaşığı eritilmiş tereyağı veya margarin
5 ml/1 porsiyon Worcestershire sosu
30 ml / 2 yemek kaşığı beyaz üzüm suyu
kokteyl kiraz

Festivalde tavla gibi hazırlanın ama alternatif mücevherleri sarımsakla yıkayın. Üzerini yapmak için şeker, hardal, tereyağı veya margarin, Worcestershire sosu ve üzüm suyunu birleştirin. Tavuğu bir tabağa aktarın ve yağla kaplayın. Karışımı her zamanki gibi 190°C/375°F/gazda 25-30 dakika yağ altın rengi olana kadar pişirin. Kalan tereyağı incilerini kokteyl kiraz çubuklarına (kürdan) geçirin.

İspanyol salamlı paella

Kapılar 6

Paella olarak hazırlayın ama tavuğu ince kıyılmış salamla değiştirin.

Schweiz usulü köfte

4 tane giyiyorsun

Kottbullar olarak bilinen, haşlanmış patates, sos, ağır ve karışık marul ile servis edilen İsveç'in ulusal yemeklerinden biridir.

75 gr / 3 ons / 1½ su bardağı taze beyaz galeta unu
1 soğan, ince dilimlenmiş
225 gr/8 ons/2 su bardağı kıyılmış (kıyılmış) domuz kıyması.
225 gr/8 ons/2 su bardağı kıyma (kıyma).
1 büyük yumurta
2,5 ml/çay kaşığı tuz
175 ml / 6 oz / 1 kutu süt buharda pişirmek için
2,5 ml/½ üniversal çay kaşığı
25 gr/1 ons/2 yemek kaşığı margarin

Margarin hariç tüm malzemeleri güzelce karıştırın. 12 eşit top yapın. Sıcak bir yemeği sayfa 14'teki talimatlara veya ekmek kızartma makineniz veya mikrodalga fırınınızla birlikte gelen talimat kılavuzuna göre mikrodalgaya koyun. Margarini ekleyin ve tavayı elinizle tabanı tamamen hamurla kaplanana kadar döndürün. Şu anda yetişkinler. Et suyunu ekleyin ve hemen kahverengileştirin. Buharın çıkmasını sağlamak için streç filmle (plastik) örtün ve ikiye bölün. Tavayı dört kez çevirerek 9 buçuk dakika kadar pişirin. Servis yapmadan önce 3 dakika bekletin.

Kurabiye ile pişmiş domuz eti

Domuz eti, etin uzun pişirme süresi nedeniyle şaşırtıcı derecede çıtır çıtır.

Kişi başına 175g/6oz'a izin verecek şekilde bacak kısmını seçin. Cildi bir bıçakla delin, tuzlayın ve hafifçe kırmızı biber serpin. Mikrodalga güvenli bir rafta büyük bir tabağa derili tarafı aşağı gelecek şekilde yerleştirin. Parşömenle kaplayın. Biftek gibi açın ve 450g/1lb'de 9 dakika pişirin. Eşit pişirme için tavayı her 5 dakikada bir döndürün ve ellerinizi ocaktan uzak tutun. Pişirme süresinin yarısında 6 dakika dinlendirin. Pişirdikten sonra parçaları bir kesme tahtasına aktarın ve çift folyo ile kaplayın. Sebzeler, soğan ve sarımsak ile karıştırın ve servis yapmadan önce 8 dakika bekletin.

bal ile kavrulmuş domuz eti

Kıyma için domuz eti hazırlayın, ancak tuz ve kırmızı biberle tatlandırmadan önce, 20 ml/1 yemek kaşığı hazırlanmış hardal ve 10 ml/2 yemek kaşığı Worcestershire sosuyla karıştırılmış 90 ml/6 yemek kaşığı bal ile fırçalayın.

Kırmızı lahanalı domuz eti

4 tane giyiyorsun

Noel'de kavanozları ve tenekeleri kırmızı lahana ile doldurduğunuzda bu bir kış işidir. Patates püresi ve maydanoz ile servis yapın.

450 gr haşlanmış kırmızı lahana
4 domates, soyulmuş, çekirdekleri çıkarılmış ve doğranmış
10 ml / 2 yemek kaşığı tuz
4 domuz bonfile, kırpıldığında 175g
10ml/2 yemek kaşığı soya sosu
2,5 ml/kaşık sarımsak tuzu
2,5 ml/½ çay kaşığı kırmızı biber
15 ml / 1 yemek kaşığı yumuşak koyu kahverengi şeker

Lahanayı 20cm/8" fırına dayanıklı bir kaba (Hollanda fırını) koyun. Domatesleri tuzla karıştırın ve köfteleri üstüne yerleştirin. Soya sosuna dökün ve kalan malzemeleri serpin. Buharın çıkmasını sağlamak için streç filmle (plastik) örtün ve ikiye bölün. Tencereyi dört kez çevirerek 15 dakika pişirin. Servis yapmadan önce 4 dakika bekletin.

Romen usulü domuz eti

4 tane giyiyorsun

15 ml/1 yemek kaşığı zeytinyağı
1 küçük soğan, doğranmış
1 soğan sarımsak, ezilmiş
4 dilim domuz eti, her biri 125g/4oz, yumuşayana kadar kıyılmış
60 ml / 4 yemek kaşığı domates suyu
5 ml/1 yemek kaşığı kurutulmuş kekik
125 gr mozzarella peyniri, dilimlenmiş
30 ml / 2 yemek kaşığı
polenta

25 cm/10-derinlikteki bir tavaya yağı dökün. Tam olarak 1 dakika ısıtın. Soğan ve sarımsağı karıştırın. İki kez karıştırın ve tam ateşte 4 dakika pişirin. Domuzu tavaya tek bir tabaka halinde ekleyin. 2 dakika boyunca tam ateşte pişirin. Tekrar 2 dakika kaynatıp pişirin. Domates suyu ve kekik ile karıştırın, üzerine mozzarella dilimlerini yerleştirin ve kapari serpin. Buharın çıkmasını sağlamak için streç filmle (plastik) örtün ve ikiye bölün. 2-3 dakika veya peynir iyice eriyene kadar pişirin. Soğanla servis yapmadan önce 1 dakika bekletin.

Domuz eti ve sebze yemeği

6-8 öğün

15 ml / 1 yemek kaşığı ayçiçeği veya mısır yağı

1 soğan, rendelenmiş

2 diş sarımsak, ince kıyılmış

1,5 cm kalınlığında dilimler halinde kesilmiş 675 gr domuz eti

30 ml/2 yemek kaşığı sade (çok amaçlı) un.

5 ml/1 yemek kaşığı kuru mercanköşk

5 ml/1 porsiyon ince rendelenmiş portakal kabuğu

200 gr / 7 oz / 1¾ su bardağı konserve veya çözülmüş dondurulmuş nohut ve havuç karışımı

200 gr / 7 ons / 1½ su bardağı tatlı mısır (mısır)

300 ml/½ puan/1¼ fincan gül şarabı

150 ml/¼ pt./2/3 su bardağı ılık su

5 ml/1 porsiyon tuz

Yağı 2 quart/3½ quart/8½ fincan tencereye (Hollanda fırını) dökün. 1 dakika boyunca ısıyı açın. Soğan ve sarımsağı karıştırın. İki kez karıştırın ve tam ateşte 4 dakika pişirin. Domuz eti ekleyin. Tavayı bir tabakla örtün ve toplam 4 dakika pişirin. Et parçalarının iyice kaplandığından emin olarak unu ilave edin. Tuz hariç tüm malzemeleri ekleyin. Buharın çıkmasını sağlamak için streç filmle (plastik) örtün ve ikiye bölün. Tavayı dört kez çevirerek 17 dakikaya kadar pişirin. Tatlandırmak ve servis etmek için tuz eklemeden önce 5 dakika bekletin.

Acılı domuz eti

4 tane giyiyorsun

4 domuz kaburgası, her biri 225g/8oz, yağsız
10 ml/2 porsiyon kırmızı biber veya Cajun baharatı
5 ml/1 porsiyon sarımsak tozu
400g/14oz/1 büyük kutu kırmızı fasulye
400g/14oz/1 büyük doğranmış domates
30 ml / 2 yemek kaşığı taze kıyılmış kişniş
2,5 ml/çay kaşığı tuz

30 cm çapında / 12 cm derinliğinde kesimler yerleştirin. Tatlı baharatlar ve sarımsak tozu serpin. Buharın çıkmasını sağlamak için streç filmle (plastik) örtün ve ikiye bölün. Tahtayı iki kez çevirerek toplam 8 dakika pişirin. Açın ve meyve suları ile fasulye ve domates sürün. Kişniş ve tuz serpin. Daha önce olduğu gibi örtün ve 3 kez çevirerek 15 dakika pişirin. Servis yapmadan önce 5 dakika bekletin.

Hint turşusu ve mandalina ile domuz eti

4 tane giyiyorsun

4 domuz kaburgası, her biri 225g/8oz, yağsız
Hafif şarapta 350g/12oz/1 büyük kutu mandalina
5 ml/1 porsiyon kırmızı biber
20 ml/4 porsiyon soya sosu
45 ml/3 yemek kaşığı meyve özü, gerekirse ayarlayın
2 diş sarımsak, ince kıyılmış
Pirinç

30 cm çapında / 12 cm derinliğinde kesimler yerleştirin. Mandalinaları süzün ve meyveyi dörde bölün, 30ml/2 yemek kaşığı şurup ayırın. Kalan malzemelerle süzülmüş şerbeti pilavın üzerine serpin ve bir kaşık mandalina koyun. Buharın çıkmasını sağlamak için streç filmle (plastik) örtün ve ikiye bölün. Tencereyi dört kez çevirerek 20 dakika pişirin. 5 dakika bekletin, sonra pilav ile servis yapın.

Izgara kaburga.

4 tane giyiyorsun

1 kg domuz eti veya kaburga
50 gr tereyağ veya margarin
15 ml / 1 yemek kaşığı domates ketçapı (kedi)
10ml/2 yemek kaşığı soya sosu
5 ml/1 porsiyon kırmızı biber
1 soğan sarımsak, ezilmiş
5 ml/1 çay kaşığı acı biber sosu

Domuz eti yıkayın ve kurutun ve ayrı kaburgalar halinde kesin. Her nervürün daha dar tarafı merkeze doğru olacak şekilde en büyük yuvarlak, sıkı geçme mikrodalgaya yerleştirin. Buharın çıkmasını sağlamak için streç filmle (plastik) örtün ve ikiye bölün. Tencereyi üç kez çevirerek 10 dakika pişirin. Ayırmak için kalan malzemeleri bir kapta karıştırın ve tavada kısık ateşte 2 dakika karıştırın. Kapakları açın ve yağı dikkatlice dökün. Yağın yarısı ile fırçalayın. Tam ateşte 3 dakika pişirin. Dilinizle açın ve kalan toplarla yayın. 2 dakika boyunca tam ateşte pişirin. Servis yapmadan önce 3 dakika bekletin.

Peynir soslu jambona sarılmış hindiba

4 tane giyiyorsun

Anavatanı olan Belçika'da buna chicorées au der denir. Jambonda gümüş beyazı otlar ve basit bir peynir sosuyla tepesinde, bir mutfak başyapıtıdır.

Yaklaşık 8 kafa (Belçika hindiba). Toplam 1 kg / 2¼ ft

150 ml/¼ pt./2/3 su bardağı kaynar su

15 ml/1 yemek kaşığı limon suyu

8 büyük parça pişmiş jambon

600 ml / 1 adet / 2½ su bardağı süt

50 gr tereyağ veya margarin

45 ml/3 yemek kaşığı sade (çok amaçlı) un.

175g/6oz/1½ fincan Edam peyniri, rendelenmiş

Tuz ve taze çekilmiş karabiber

Servis için cips (cips)

Hindibayı kırpın, dıştaki ezilmiş veya zarar görmüş yaprakları çıkarın ve acı tadı önlemek için her birini mükemmel bir koni şeklinde kesin. 30 cm çapında derin bir tabağa dairenin uçları gibi uçlarını yerleştirin. Su ve limon suyu serpin. Buharın çıkmasını sağlamak için streç filmle (plastik) örtün ve ikiye bölün. Tavayı iki kez çevirerek 14 dakika pişirin. 5 dakika bekletin, sonra iyice durulayın. Plakayı yıkayın ve kurutun. Hindiba ısındıktan sonra her birini bir havluyla örtün ve tabağa geri koyun. Sütü bir sos tenceresine alın ve kapağı açık olarak 3 dakika ısıtın. Sarımsağı veya margarini 1,2 L/2 porsiyon/5 fincan tencereye koyun ve 1 dakika tamamen eritin. Unu dökün, ardından yavaş yavaş sütü dökün. Kıvamı sağlamak için her dakika karıştırarak 5-6 dakika pişirin, sos kalınlaşana ve kalınlaşana kadar. Peynir ve baharatlarla karıştırın. Hindiba ve jambonun üzerine eşit şekilde dökün. Bir plaka ile örtün ve en fazla 3 dakika ısıtın. 3 dakika bekletin. Kahverengi, genellikle ızgarada (broyler) sıcak ve istenirse cips ile servis edilir.

Yapışkan turuncu barbekü soslu domuz pirzolası

4 tane giyiyorsun

1 kg domuz eti veya kaburga
30 ml / 2 yemek kaşığı limon suyu
30ml/2 yemek kaşığı soya sosu
5 ml/1 çay kaşığı Japon wasabi tozu
15 ml/1 yemek kaşığı Worcestershire sosu
300 ml / ½ pt / 1¼ fincan taze sıkılmış portakal suyu
30 ml / 2 yemek kaşığı koyu portakal marmelatı
10ml/2 yemek kaşığı hazır hardal
1 soğan sarımsak, ezilmiş
Servis edilmek üzere pişirilen Çin yemeği
Süslemek için birkaç portakal dilimi

Kaburgaları geniş, sığ bir kaseye yerleştirin. Buharın çıkmasını sağlamak için streç filmle (plastik) örtün ve ikiye bölün. Tavayı iki kez çevirerek 7 dakika kızartın. Yağı dikkatlice açın ve boşaltın. Tereyağı hariç diğer malzemeleri karıştırıp kaburgaların üzerine dökün. Hafifçe mutfak kağıdı ile örtün ve tavayı dört kez çevirerek ve her seferinde sosu dökerek tam 20 dakika pişirin. Pişmiş Çin eriştesi ve portakal dilimleri ile tek başına yiyin.

Biftek ve mantarlı puding

4 tane giyiyorsun

Bu eski İngiliz hazinesi, mikrodalgada bir rüya gibi çalışır ve turta kabuğu (makarna) da aynı şekilde çalışır. İşin püf noktası, sıvı ile pişirildiğinde mikrodalgada çiğ et küpleri bir araya geldiğinden, ev yapımı güveç veya konserve et gibi önceden pişirilmiş et kullanmaktır.

kek üzerine:
175g/6oz/1½ fincan kendiliğinden kabaran un
2,5 ml/çay kaşığı tuz
50 gr / 2 ons / ½ fincan kıyma veya vejetaryen donyağı
90 ml/6 yemek kaşığı soğuk su

Doldurmak:
450g/1lb soslu rosto dana eti
125 gr mantar

Hamuru yapmak için un ve tuzu bir kapta karıştırın. Bir çatal kullanarak, yumuşak ama pelte olmayan bir hamur yapmak için yeterince suyu karıştırın. Pürüzsüz olana kadar hafifçe yoğurun, ardından 30 cm'lik bir daireye yuvarlayın. Dörde bölün ve kapağın üzerine koyun. İyice yağlayın ve 900 ml / 1½ pt / 3¾ fincan kelepçeli kek kalıbını alttan ve yanlardan başlayarak tavanın üst kenarına kadar yayın ve tüm kıvrımları parmak uçlarınızla bastırın. Derzleri ıslak parmaklarla kapatın.

Dolguyu hazırlamak için rostoyu ve mantarları mikrodalgada veya orta ateşte yeniden ısıtın. Boşver. Fırın tepsisine dökün. Birleştirilen hamuru bir kapak oluşturacak şekilde sarın, kenarını nemlendirin ve hamuru yerleştirmeden önce kapatın. Buharın çıkmasını sağlamak için streç filmle (plastik) örtün ve ikiye bölün. Hamur iyice kabarana kadar 7 dakika yüksekte pişirin. 3 dakika bekletin, ardından plakalara aktarın.

Biftek ve böbrek pudingi

4 tane giyiyorsun

Biftek ve Mantarlı Puding yapın, ancak 450g/1lb Güveç Biftek ve Böbrek Karışımı kullanın.

Biftek ve kestane pudingi

4 tane giyiyorsun

Biftek ve mantarlı puding yapın ama mantarları bütün kestanelerle değiştirin.

Kavrulmuş ve tuzlu fındık çorbası

4 tane giyiyorsun

Biftek ve mantarlı puding yapın, ancak mantarları 4 litre tuzlu ceviz ve 8 kayısı ile değiştirin.

Güney Amerika'dan "etli turta"

4 tane giyiyorsun

2 soğan, ince kıyılmış veya doğranmış
275 gr soyulmamış kabak, mavi veya yeşil, doğranmış
1 büyük domates, harmanlanmış, soyulmuş ve doğranmış
450 gr/1 lb/4 su bardağı kıyma

5-10 ml / 1-2 yemek kaşığı tuz

Brezilya pirinci

Sebzeleri ve pirzolaları 20 cm çapında bir Hollanda fırınına koyun. Buharın çıkmasını sağlamak için streç filmle (plastik) örtün ve ikiye bölün. Tencereyi üç kez çevirerek 10 dakika pişirin. Eti parçalamak için örtün ve iyice ovalayın. Bir tabakla örtün, bir kez karıştırın ve tam ateşte 5 dakika pişirin. 3 dakika bekletin ve tuzlayın. Et, çiğ sosta önemli bir dokuya sahip olacaktır. Brezilya pirinci ile servis yapın.

Yumurta ve zeytin ile Brezilya "etli turta"

4 tane giyiyorsun

Güney Amerika kıymasını hazırlayın, ancak kabak, yeşillik veya yaban mersini hariç tutun. Et karışımına 60ml/4 yemek kaşığı ekleyin. İlk yemek süresini 7 dakikaya düşürün. İşiniz bittiğinde, 3 haşlanmış yumurta ve 12 yeşil zeytini karıştırın.

Ruben'in sandviçi

Hizmetler 2

Herhangi bir Amerikalının onaylayabileceği gibi, Open Reuben Sandwich, New York'tan California'ya bir şarküteri düğünü.

2 büyük dilim esmer veya çavdar ekmeği
mayonez
175g/6oz kıyma, pastırma veya ıspanak, ince dilimlenmiş
175g/6oz su ıspanağı
4 ince dilim Gruyère (İsviçre) veya Emmental peyniri

Ekmeğin üzerine mayonez sürün ve dilimleri geniş bir tabağa dizin. 1,5 dakika üstü açık olarak ısıtın. Her bifteği ve sarımsağı eşit şekilde kaplamak için bir spatula ile hafifçe bastırın. Peynirle kaplayın. Peynir tamamen eriyene kadar 1,5 dakika pişirin. Hemen ye.

Sığır Chow Mein

4 tane giyiyorsun

Chicken Chow Mein gibi hazırlayın, ancak sığır eti tavukla değiştirin.

Sue'nun eti

4 tane giyiyorsun

Chicken Chop Suey ile aynı şeyi hazırlayın, ancak tavuğu sığır eti ile değiştirin.

Patlıcan ve sığır etinin tadını çıkarın

Kapılar 6

Bu Louisiana spesiyalitesi, yerel halk tarafından çok beğenilir ve sevilir.

4 şeker (porsiyon)
10 ml / 2 yemek kaşığı tuz
45 ml/3 yemek kaşığı kaynar su
1 soğan, ince rendelenmiş
450 g/1 lb/4 fincan sığır eti (öğütülmüş).
75 gr / 3 ons / 1½ su bardağı taze beyaz galeta unu
1,5-2,5 ml / ¼ - ½ çay kaşığı biber sosu
Tuz ve taze çekilmiş karabiber
25 gr / 1 ons / 2 yemek kaşığı yağ
250g/8oz/2¼ bardak uzun taneli Amerikan pirinci, pişmiş

Kuyruğun üzerine dökün, eti temizleyin ve küpler halinde kesin. Bir kaseye veya büyük bir kaseye koyun ve tuz ve kaynar su ile karıştırın. Buharın çıkmasını sağlamak için streç filmle (plastik) örtün ve ikiye bölün. 14 dakika pişirin. 2 dakika bekletin. İyice süzün, ardından bir blender veya mutfak robotuna koyun ve karışana kadar karıştırın. Fırın tepsisini güzelce yağlayın. Patlıcan püresini, soğanı, dana etini, galeta ununun yarısını, biber sosunu ve tuzu ve taze çekilmiş karabiberi tatmak için karıştırın. Yağ kazanda ısıtılır. Kalan ekmek kırıntılarını serpin, ardından ghee ile fırçalayın. 10 dakika boyunca tam ateşte pişirin. İstenirse garnitür olarak servis edilmeden önce sıcak ızgara (broyler) altında ızgara yapın. Pirinçle servis yapın.

köri ezmesi

Kapılar 8

675 g/1½ lb/6 su bardağı yağsız sığır eti (öğütülmüş).

50g/2oz/1 su bardağı taze galeta unu

1 soğan sarımsak, ezilmiş

1 büyük yumurta

300 ml/10 fl oz/1 yoğunlaştırılmış domates çorbası

6 domates

10ml/2 yemek kaşığı soya sosu

15-30 ml / 1-2 yemek kaşığı köri tozu

15 ml / 1 yemek kaşığı domates püresi (salça)

1 küp et bulyon

75ml/5 yemek kaşığı Mango Çiğneme

Haşlanmış pirinç veya patates püresi ile servis yapın

Sığır eti, galeta unu, sarımsak ve yumurtayı karıştırın. 16 top haline getirin ve 25 cm çapında bir tabağın kenarına yerleştirin. Kalan malzemeleri karıştırıp köftelerin üzerine dökün. Buharın çıkmasını sağlamak için streç filmle (plastik) örtün ve ikiye bölün. Tavayı dört kez çevirerek 18 dakika pişirin. 5 dakika bekletin. Çorbaları sosla açın ve durulayın. Üstü açık bırakın ve 1,5 dakika daha ısıtın. Haşlanmış pirinç veya patates püresi ile servis yapın.

İtalyan köftesi

4 tane giyiyorsun

15 ml / 2 yemek kaşığı zeytinyağı
1 soğan, rendelenmiş
2 diş sarımsak, ince kıyılmış
450 g/1 lb/4 fincan sığır eti (öğütülmüş).
75 ml / 5 yemek kaşığı taze beyaz galeta unu
1 yumurta, çırpılmış
10 ml / 2 yemek kaşığı tuz
400 gr / 1¾ su bardağı passata (süzülmüş domates)
10 ml / 2 yemek kaşığı yumuşak koyu kahverengi şeker
5 ml/1 porsiyon kuru fesleğen veya kekik

20 cm derinliğinde bir tabağa sıvı yağı alıp soğan ve sarımsağı ekleyin. Tam ateşte 4 dakika pişirin. Eti galeta unu, yumurta ve tuzun yarısı ile karıştırın. 12 küçük top oluşturun. Tencereye ekleyin ve 5 dakika Yüksek derecede pişirin, pişirme süresinin yarısında köfteleri çevirin. Makarna, şeker, kekik ve kalan tuzu karıştırın. Çorbaları dökün. Buharın çıkmasını sağlamak için streç filmle (plastik) örtün ve ikiye bölün. Tencereyi üç kez çevirerek 10 dakika pişirin. Servis yapmadan önce 3 dakika bekletin.

Biber ile hızlı köfte

Hizmetler 4-6

Gerçekten sıkıştıysanız sade haşlanmış patates veya patates kızartması (cips) ile iyi!

450 g/1 lb/4 fincan sığır eti (öğütülmüş).
50g/2oz/1 su bardağı taze galeta unu
1 soğan sarımsak, ezilmiş
1 büyük yumurta
300 ml / ½ adet / 1¼ su bardağı passata (süzülmüş domates)
300 ml / ½ puan / 1¼ su bardağı kaynar su
30 ml / 2 yemek kaşığı kuru kırmızı ve yeşil biber (yağ).
10 ml/2 porsiyon kırmızı biber
5 ml/1 porsiyon kimyon tohumu (isteğe bağlı)
10 ml / 2 yemek kaşığı yumuşak koyu kahverengi şeker
5 ml/1 porsiyon tuz
150ml/5oz/2/3 fincan krem şanti (süt).

Et, galeta unu, sarımsak ve yumurtayı karıştırın. 12 top oluşturun. 20 cm / 8 cm çapında derin bir kaba makarnayı su ile karıştırın. Kullanıyorsanız karabiber, kırmızı biber, kimyon tohumu ve şeker ekleyin. Çorbaları koyun. Buharın çıkmasını sağlamak için streç filmle (plastik) örtün ve ikiye bölün. Tencereyi üç kez çevirerek 15 dakika pişirin. 5 dakika bekletin, tuz ve krema ile tatlandırın. 2 dakika ısıtın.

otlar ile biftek

Kapılar 8

900 gr/2 lb/8 su bardağı kıyma (kıyılmış).
2 büyük yumurta
1 küp et bulyon
1 küçük soğan, ince rendelenmiş
60 ml/4 yemek kaşığı sade (çok amaçlı) un.
45 ml / 3 yemek kaşığı domates ketçapı (kedi)
10 ml/2 porsiyon kuru bitki karışımı
10ml/2 yemek kaşığı soya sosu
Galeta unu ve portakal kabuğu dilimleri ile süsleyin

Soya sosu hariç tüm malzemeleri güzelce karıştırın. Tereyağını 1¼ litre / 2 litre / 5 fincanlık dikdörtgen bir tavada yayın. Üstünü soya sosuyla fırçalayın. Buharın çıkmasını sağlamak için streç filmle (plastik) örtün ve ikiye bölün. 10 dakika tam kaynama noktasına getirin, ardından 5 dakika mikrodalgada pişirin. Tavayı dört kez çevirin ve 12 dakika daha buzunu çözün. 5 dakika bekletin, ardından soslar ve soslar için kullanılabilecek fazla yağı ve meyve sularını süzün ve dikkatlice süzün. Soğumaya bırakın, ardından dikkatlice bir tabağa aktarın ve galeta unu ve portakal dilimleri ile süsleyin. Dilimlenmiş olarak servis edilir.

Hindistan cevizi ile Malezya usulü nohut bifteği

4 tane giyiyorsun

2 soğan, ince dilimlenmiş
1 soğan sarımsak, ezilmiş
450 gr / 1 l / 4 su bardağı kıyma
125 gr/1/2 su bardağı preslenmiş fıstık ezmesi
45ml/3 yemek kaşığı kurutulmuş hindistan cevizi (rendelenmiş).
2,5 ml/kaşık acı biber sosu
15 ml/1 yemek kaşığı soya sosu
2,5 ml/çay kaşığı tuz
300 ml / ½ puan / 1¼ su bardağı kaynar su
175 gr/1½ su bardağı pişmiş pirinç
baharat tuzu (isteğe bağlı)

Soğanı, sarımsağı ve sığır etini 1,5 litre / 2½ litre / 6 fincan güveçe (Hollanda fırını) koyun. Bifteğin iyice kıyıldığından emin olarak bir çatalla iyice karıştırın. Buharın çıkmasını sağlamak için streç filmle (plastik) örtün ve ikiye bölün. Tahtayı iki kez çevirerek toplam 8 dakika pişirin. Pirinç hariç tüm malzemeleri açıp karıştırın. Daha önce olduğu gibi örtün ve tavayı üç kez çevirerek 8 dakika daha pişirin. 3 dakika bekletin. Ortaya çıkarın, karıştırın ve istenirse pişmiş pirinç ve oryantal turşu ile servis yapın.

Hızlı biftek ve mayonez ruloları

Kapılar 6

Akşam yemeği için mükemmel bir ana yemek, bu kadar hızlı bir yemekten beklediğinizden daha lüks.

750 gr/1½ lb/6 su bardağı yağsız sığır eti (öğütülmüş).

15 ml / 1 yemek kaşığı kuru kırmızı ve yeşil biber (yağ).

15 ml / 1 yemek kaşığı ince kıyılmış maydanoz

7,5 ml / 1½ çay kaşığı soğan tozu

30 ml/2 yemek kaşığı sade (çok amaçlı) un.

60 ml / 4 yemek kaşığı koyu mayonez

7,5 ml/1½ yemek kaşığı hardal tozu

5 ml/1 porsiyon soya sosu

20cm/8 inçlik bir kalıbı yağlayın. Eti diğer malzemelerle birleştirin ve dikkatlice bir tabağa yerleştirin. Buharın çıkmasını sağlamak için streç filmle (plastik) örtün ve ikiye bölün. Tencereyi dört kez çevirerek 12 dakika pişirin. 5 dakika bekletin, ardından iki spatula ile ekmeği kaseden alın ve yağı bırakın. Servis tabağına aktarın ve altı servis küpü halinde kesin.

Kırmızı şarapta haşlanmış biftek

4 tane giyiyorsun

Zeki ve lezzetli, özellikle peynirli veya tatlı patatesli klasik makarna ve muhtemelen biraz yağda ısıtılmış enginar göbeği dolması.

30 ml / 2 yemek kaşığı tereyağı veya margarin

2 büyük soğan, rendelenmiş

1 soğan sarımsak, ezilmiş

125 gr mantar, ince dilimler halinde kesilmiş

450g sığır eti, küçük doğranmış (üstte)

15 ml / 1 yemek kaşığı domates püresi (salça)

15 ml / 1 yemek kaşığı kıyılmış maydanoz

15 ml/1 yemek kaşığı mısır unu (mısır nişastası)

5 ml / çok baharatlıysa 1 yemek kaşığı

300 ml / ½ puan / 1¼ fincan sek kırmızı şarap

5 ml/1 porsiyon tuz

Tereyağı veya margarini 20 cm çapında bir fırın tepsisine (Hollanda fırını) koyun. 1-1½ dakika eritirken açın. Soğan, sarımsak ve mantarlarla karıştırın. Tam ateşte 5 dakika pişirin. Bifteği karıştırın, ardından karışımı ortada biraz boşluk bırakarak tavanın kenarına taşıyın. Bir tabakla örtün ve tam 5 dakika pişirin. Bu sırada domates püresi, maydanoz, mısır ve hardalı karıştırın. Kırmızı şarabı dikkatlice karıştırın ve geri kalanıyla karıştırın. Sığır eti karışımına yavaşça katlayın. Bir kapakla örtün ve iki kez karıştırarak 5 dakika tam ateşte pişirin. 3 dakika bekletin. Tuzla tatlandırın ve servis yapın.

Düz su

6-8 öğün

750 gr tatlı (patlıcan)
1 limon suyu
20 ml / 4 yemek kaşığı zeytinyağı
1-2 diş sarımsak, ezilmiş
250 ml/8 fl oz/1 su bardağı frais frais veya kuark
15 ml / 1 yemek kaşığı kıyılmış galeta unu
1,5 ml / ¼ çay kaşığı şeker kamışı (ince).
7,5-10 ml / 1½ - 2 yemek kaşığı tuz

En üste muhallebiyi dökün ve uzunlamasına ortadan ikiye kesin. Onları büyük bir tabağa koyun ve mutfak kağıdıyla örtün. 8-9 dakika veya yumuşayana kadar pişirin. Eti doğrudan mutfak robotuna alın ve kalan malzemeleri ekleyin. Pürüzsüz ve kremsi olana kadar işleyin. Servis yapmadan önce örtün, örtün ve hafifçe soğutun.

Sebze, domates ve otlar karışımında marine edilir.

6-8 öğün

750 gr tatlı (patlıcan)
5 ml / 1 yemek kaşığı kıyılmış galeta unu
75 ml/3 porsiyon kıyılmış kişniş yaprağı
5 ml/1 porsiyon kıyılmış maydanoz
3 domates, soyulmuş, çekirdekleri çıkarılmış, ince dilimlenmiş

En üste muhallebiyi dökün ve uzunlamasına ortadan ikiye kesin. Onları büyük bir tabağa koyun ve mutfak kağıdıyla örtün. 8-9 dakika veya yumuşayana kadar pişirin. Eti doğrudan mutfak robotuna koyun ve domates hariç kalan malzemeleri ekleyin. Pürüzsüz ve kremsi olana kadar işleyin. Domatesleri karıştırın, ardından bir tabağa aktarın ve servis yapmadan önce biraz soğumaya bırakın.

Orta Doğu Patlıcanlı Tahin Sosu

6-8 öğün

750 gr tatlı (patlıcan)
45 ml / 3 yemek kaşığı tahin (salça)
1 küçük limonun suyu
1 diş sarımsak, ince dilimlenmiş
25ml/1½ yemek kaşığı zeytinyağı
1 küçük soğan, dilimlenmiş
60 ml / 4 yemek kaşığı kıyılmış kişniş yaprağı
5 ml/1 porsiyon şeker kamışı (çok ince).
5-10 ml / 1-2 yemek kaşığı tuz

En üste muhallebiyi dökün ve uzunlamasına ortadan ikiye kesin. Onları büyük bir tabağa koyun ve mutfak kağıdıyla örtün. 8-9 dakika veya yumuşayana kadar pişirin. Etin derisini doğrudan mutfak robotunda çıkarın. Tatmak için kalan malzemeleri ve tuzu ekleyin. Pürüzsüz ve kremsi olana kadar işleyin. Bir tabağa koyun ve oda sıcaklığında servis yapın.

türk bademi

6-8 öğün

750 gr tatlı (patlıcan)
30 ml / 2 yemek kaşığı zeytinyağı
1 büyük limonun suyu
2,5–5 ml / ½ – 1 yemek kaşığı tuz
2,5 ml / ½ çay kaşığı şeker kamışı (ince).
Siyah zeytin, kırmızı biber şeritleri (yağ) ve domates dilimleri ile süsleyin

En üste muhallebiyi dökün ve uzunlamasına ortadan ikiye kesin. Onları büyük bir tabağa koyun ve mutfak kağıdıyla örtün. 8-9 dakika veya yumuşayana kadar pişirin. Eti doğrudan mutfak robotuna alın ve kalan malzemeleri ekleyin. Pürüzsüz bir yarı lifli yulaf lapası yapın. Servis tabağına alıp zeytin, kırmızıbiber ve domates dilimleri ile süsleyin.

yunanca daldırma

6-8 öğün

750 gr tatlı (patlıcan)
1 küçük soğan, ince kıyılmış
2 diş sarımsak, ince dilimlenmiş
5 ml/1 porsiyon malt sirkesi
5 ml/1 çay kaşığı limon suyu
150 ml/¼ puan/2/3 fincan hafif zeytinyağı
2 büyük domates, çekirdeksiz, çekirdeksiz ve iri doğranmış
Maydanoz, yeşil veya kırmızı biber (yağ) ve küçük siyah zeytin
halkaları ile süsleyin

En üste muhallebiyi dökün ve uzunlamasına ortadan ikiye kesin. Onları büyük bir tabağa koyun ve mutfak kağıdıyla örtün. 8-9 dakika veya yumuşayana kadar pişirin. Bir mutfak robotunda etin derisini çıkarın ve soğan, sarımsak, sirke, limon suyu ve yağı ekleyin. İyi geri dönüştürün. Büyük bir kaseye koyun ve domateslerle karıştırın. Servis tabağına alıp maydanoz, biber halkası ve zeytinle süsleyin.

Cau Bataklığı

Hizmetler 4-6

Çok zarif ve benzersiz olan Ansi'nin İtalyan banyosu, yemek masasındaki alkol sobasında sıcak tutulmalıdır. Köfte genellikle çiğ veya pişmiş sebzelerdir. Yumuşak ve narin olduğundan veya aroması çok güçlü olabileceğinden, yalnızca hafif altın rengi sızma zeytinyağı kullanın.

30 ml / 2 yemek kaşığı zeytinyağı
25g/1oz/2 yemek kaşığı tuzsuz tereyağı (tatlı).
1 soğan sarımsak, ezilmiş
50g / 2oz / 1 küçük kap hamsi filetosu
60 ml / 4 yemek kaşığı ince kıyılmış maydanoz
15 ml / 1 yemek kaşığı ince kıyılmış fesleğen yaprağı

Yağ, tereyağı ve sarımsağı metal olmayan yanmaz bir kaba koyun. Tencereden aldığınız yağı yıldız anason, maydanoz ve fesleğen ile birlikte ekleyin. Hamsileri ince dilimler halinde kesin ve tavaya ekleyin. Tavayı bir tabakla kısmen kapatın ve tavada sos ısınana kadar 3-4 dakika pişirin. Sıcak ocağı açın ve yemek yerken sıcak tutun.

Güle güle

4 tane giyiyorsun

Kuzey Amerika'nın bu buharlı bölgesinden benimle birlikte gelen Louisiana'dan bir tarif.

2 şeker (patlıcan) toplam 550g / 1¼lb
1 soğan, ince dilimlenmiş
1 büyük soğan, ince dilimlenmiş
½ yeşil biber (yağ), çekirdeği çıkarılmış ve ince dilimlenmiş
30 ml / 2 yemek kaşığı ayçiçeği veya mısır yağı
3 domates, soyulmuş ve dilimlenmiş
75 gr / 3 ons / 1½ su bardağı taze beyaz galeta unu
Tuz ve taze çekilmiş karabiber
50 gr rendelenmiş kaşar peyniri

Keskin bir bıçak kullanarak, her kütikülün etrafındaki deriyi delin. Bir tabağa alıp üzerini mutfak kağıdı ile örtün ve bir kez çevirerek tam 6 kez pişirin. Yumuşak olmalı ama değilse 1-2 dakika pişirmeye devam edin. Her birini uzunlamasına ikiye bölün, ardından eti bir karıştırıcıya veya mutfak robotuna koyun ve derisini atın. Püre süreci. Kereviz, soğan, yeşil biber ve yağı 2 litrelik bir tencereye (Hollanda fırını) koyun, kapağını kapatın ve 3 dakika tam ateşte pişirin. Patates püresini, domatesi, galeta ununu, tuzu ve karabiberi ekleyip 3 dakika daha pişirin. Ortaya çıkarın, peynir serpin ve 2 dakika açıkta pişirin. Servis yapmadan önce 2 dakika bekletin.

Tuzlu Kokteyl Mantarları

Kapılar 8

60 ml / 4 yemek kaşığı kırmızı şarap sirkesi
60 ml / 4 yemek kaşığı ayçiçeği veya mısır yağı
1 soğan, çok ince dilimlenmiş
5 ml/1 porsiyon tuz
15 ml / 1 yemek kaşığı kıyılmış kişniş yaprağı
5 ml/1 porsiyon hafif hardal
15 ml / 1 yemek kaşığı yumuşak esmer şeker
5 ml/1 porsiyon Worcestershire sosu
kırmızı biber
350g mantar

Sirke, yağ, soğan, tuz, kişniş, hardal, şeker ve Worcestershire sosunu 2 litrelik bir pişirme kabında (Hollanda fırını) baharatlayın. Bir tabakla örtün ve yüksek ateşte 6 dakika pişirin. Mantarları karıştırın. Soğuduktan sonra üzerini kapatın ve yaklaşık 12 saat buzdolabında bekletin. Süzün ve ekşi krema ile suya batırın.

Yumurta ve çam fıstığı ile doldurulmuş fırında patlıcan

Hizmetler 2

2 şeker (patlıcan) toplam 550g / 1¼lb

10 ml/2 yemek kaşığı limon suyu

75 gr / 3 ons / 1½ fincan taze beyaz veya kahverengi galeta unu

45 ml / 3 yemek kaşığı kavrulmuş çam fıstığı

7,5 ml / 1½ yemek kaşığı tuz

1 soğan sarımsak, ezilmiş

3 haşlanmış yumurta (sert haşlanmış), doğranmış

60 ml / 4 yemek kaşığı süt

5 ml/1 çay kaşığı kuru bitki karışımı

20 ml / 4 yemek kaşığı zeytinyağı

Keskin bir bıçak kullanarak, her kütikülün etrafındaki deriyi delin. Bir tabağa alıp üzerini mutfak kağıdı ile örtün ve bir kez çevirerek tam 6 kez pişirin. Yumuşak olmalı ama değilse 1-2 dakika pişirmeye devam edin. Kuzunun her bir tarafını ikiye bölün, ardından eti bir blender veya mutfak robotuna koyun ve cildi sağlam bırakın. Limon suyu ekleyin ve pürüzsüz olana kadar karıştırın. Bir kaseye koyun ve yağ hariç tüm malzemeleri karıştırın. Mantarları kabuklarına yerleştirin, ardından dar uçlarını tabağın ortasına doğru yerleştirin. Üzerine yağı dökün, mutfak kağıdı ile örtün ve 4 dakika ısıtın. Sıcak veya soğuk yiyin.

Yunan mantarı

4 tane giyiyorsun

1 buket garni zarf
1 soğan sarımsak, ezilmiş
2 kaydırma yaprağı
60 ml / 4 yemek kaşığı su
30 ml / 2 yemek kaşığı limon suyu
15 ml / 1 yemek kaşığı şarap sirkesi
15 ml/1 yemek kaşığı zeytinyağı
5 ml/1 porsiyon tuz
450g mantar
30 ml / 2 yemek kaşığı kıyılmış maydanoz

Mantar ve maydanoz hariç tüm malzemeleri geniş bir kaseye koyun. Bir plaka ile örtün ve 4 dakika ısıtın. Mantarları ekleyin, eskisi gibi kapatın ve 3,5 dakika daha pişirin. Birkaç saat soğutun, örtün ve buzdolabına koyun. Garnitürü çıkarın ve mantarları dört tabağa koyun, her birine maydanoz serpin ve servis yapın.

Enginar salata sosu

4 tane giyiyorsun

450g Kudüs enginarı
Ev yapımı veya satın alınmış salata sosu
10 ml/2 yemek kaşığı kıyılmış maydanoz
5 ml/1 yemek kaşığı kıyılmış tarhun

Enginarları ve biraz suyu bir kaseye koyun ve üzerini bir tabakla kapatın. Tavayı iki kez çevirerek 10 dakika pişirin. İyice kurulayın ve kalın dilimler halinde kesin. Vinaigrette sosu dökün. Dört tabağa bölün ve maydanoz ve tarhun serpin.

Sezar salatası

4 tane giyiyorsun

1920'lerde Cesare Cardini tarafından yaratılan bu klasik salata, sıra dışı balık yumurtası içerir. Harika basit bir atıştırmalık ama klasik olarak lezzetli.

1 sepet marul (romaine), soğutulmuş
1 soğan sarımsak, ezilmiş
60 ml / 4 yemek kaşığı sızma zeytinyağı
Tuz ve taze çekilmiş karabiber
2 büyük yumurta
5 ml/1 porsiyon Worcestershire sosu
2 limonun suyu, süzün
90 ml / 6 yemek kaşığı taze rendelenmiş Parmesan peyniri
50 gr/2 ons/1 su bardağı diş sarımsak

Salatayı 5cm/2 parçalar halinde kesin ve tatlandırmak için sarımsak, yağ ve baharatlarla birlikte bir salata kasesine koyun. Dikkatlice atın. Yumurta pişirmek için bir tabağa streç film (folyo) serin ve yumurtaları kırın. 1½ dakika dondurucuda pişirin. Diğer tüm malzemelerle birlikte salata kasesine ekleyin ve iyice birleşene kadar karıştırın. Tabaklara yerleştirin ve hemen servis yapın.

Yumurta ve tereyağı ile Hollandalı hindiba

4 tane giyiyorsun

8 kafa (Belçika hindiba)
30 ml / 2 yemek kaşığı limon suyu
75 ml / 5 yemek kaşığı kaynar su
5 ml/1 porsiyon tuz
75 gr oda sıcaklığında ve çok yumuşak tereyağı
4 haşlanmış yumurta (sert haşlanmış), doğranmış

Hindibayı dilimleyin ve acı tadı önlemek için her birini mükemmel bir koni şeklinde dilimleyin. Hindibayı 20 cm'lik bir tepsiye tek sıra olacak şekilde dizin, üzerine limon suyu ve su ekleyin. Tuz serpin. Buharın çıkmasını sağlamak için streç filmle (plastik) örtün ve ikiye bölün. 15 dakika pişirin. 3 dakika bekletin ve ardından kurulayın. Hindiba pişerken yağı hafif ve kremsi olana kadar çırpın. Yumurtaları karıştırın. Hindibayı dört sıcak tabağa dizin ve yumurta karışımını üzerine dökün. Hemen ye.

yumurtalı mayonez

Bölüm 1

Fransa'nın tipik mezelerinden biri olan yumurtalı mayonez, meze ve damak tadına göre değişiklik gösterebiliyor.

Kıyılmış marul yaprakları
1-2 haşlanmış (sert kaynamış) yumurta, ikiye bölünmüş
Mayonez veya mağazadan satın alınan mayonez kullanın
4 konserve bezelye
1 domates, dilimlenmiş

Salatayı bir tabağa alın. Yumurta ile fırçalayın, tarafı aşağı doğru kesin. Mayonezle kalın bir şekilde yayın ve hamsi ve domates dilimleri ile baharatlayın.

Skordalia Mayonezli Yumurtalar

4 tane giyiyorsun

Yumurtaların tam tadını ve dokusunu tamamlayan ekmek kırıntıları içeren karmaşık bir sarımsak-mayonez sosunun basitleştirilmiş bir versiyonu.

150 ml/¼ porsiyon/2/3 su bardağı mayonez
1 soğan sarımsak, ezilmiş
10 ml / 2 yemek kaşığı taze beyaz galeta unu
15 ml/1 yemek kaşığı öğütülmüş badem
10 ml/2 yemek kaşığı limon suyu
10 ml/2 yemek kaşığı kıyılmış maydanoz
Kıyılmış marul yaprakları
2 veya 4 haşlanmış (kaynatılmış) yumurta, ikiye bölünmüş
1 kırmızı soğan, çok ince dilimlenmiş
Dekorasyon için küçük Yunan siyah zeytinleri

Mayonez, sarımsak, galeta unu, badem, limon suyu ve maydanozu karıştırın. Salatayı bir tabağa koyun, üzerine yarım yumurta koyun. Mayonez karışımı ile süsleyin, ardından taze soğan ve zeytin ile süsleyin.

İskoç Çulluk

4 tane giyiyorsun

Şehirdeki eski erkek kulüpleri ligine aittir ve en lüks sıcak sandviçlerden biri olmaya devam etmektedir.

4 dilim ekmek
Sarımsak
Gentleman's Relish veya Ansi Paste
2 Ekstra Kremalı Omlet
Dekorasyon için tereyağında birkaç damla konserve hamsi

Ekmek kızartılır ve ardından tereyağlanır. Gentleman's Relish'e ince bir fırça veya ansi macunu sürün, her bir dilimi dörde bölün ve sıcak tutun. Fazladan kremalı bir haşlanmış yumurta hazırlayın ve tostun üzerine dökün. Hamsi filetosu ile süsleyin.

İsveç Mayonezli Yumurtalar

4 tane giyiyorsun

Kıyılmış marul yaprakları
1-2 haşlanmış (sert kaynamış) yumurta, ikiye bölünmüş
25 ml / 1½ yemek kaşığı elma (elma)
Şeker dökün.
150 ml/¼ puan/2/3 fincan mayonez sosu veya mağazadan satın alınan mayonez kullanın
5 ml / 1 çay kaşığı sos
5-10ml / 1-2 yemek kaşığı siyah veya turuncu yapay havyar
1 sofralık elma, ince dilimlenmiş kırmızı kabuklu (tatlı)

Salatayı bir tabağa alın. Yumurta ile fırçalayın, tarafı aşağı doğru kesin. Elmaları pudra şekeri ile hafifçe tatlandırın, ardından mayonez ile karıştırın. Yumurtaları bu karışımla kaplayın, ardından simüle edilmiş havuç ve elma dilimleri ile süsleyin.

Fasulye Salatası

Kapılar 6

Türkiye'de fensia plaki olarak adlandırılır ve aslında konserve (deniz) fasulyesi ve Akdeniz sebzelerinden oluşan bir porsiyondur. Bu tutumlu bir meze ve yanında biraz ciddi ekmek için yalvarıyor.

75 ml / 5 yemek kaşığı zeytinyağı
2 soğan, ince rendelenmiş
2 diş sarımsak, ince kıyılmış
1 büyük olgun domates, harmanlanmış, soyulmuş, tohumlanmış ve doğranmış
1 yeşil biber (yağ), çekirdeği çıkarılmış ve çok ince dilimlenmiş
10 ml / 2 çay kaşığı şeker kamışı (çok ince).
75 ml / 5 yemek kaşığı su
2,5–5 ml / ½ – 1 yemek kaşığı tuz
30 ml / 2 yemek kaşığı kıyılmış sarımsak (frenk soğanı)
400g/14oz/1 büyük kutu fasulye

Yağı, soğanı ve sarımsağı 1,75 litrelik bir tencereye koyun ve iki kez karıştırarak 5 dakika yüksek ateşte pişirin. Domates, yeşil biber, şeker, su ve tuzu karıştırın. Kalıbın üçte ikisini bir tabakla örtün ve iki kez karıştırarak 7 dakika pişirin. Tamamen soğumaya bırakın, örtün ve birkaç saat buzdolabında saklayın. Soğan ve fasulyeyi karıştırın. Tekrar örtün ve bir saat daha soğutun.

Yumurtalı Fasulye Salatası

Kapılar 6

Fasulye salatası yapın, ancak her porsiyonu haşlanmış yumurta dilimleri ile süsleyin.

tencere tavsiyesi

Kapılar 6

275 gr ringa balığı filetosu
75g/3oz/1/3 fincan krem peynir
½ limon suyu
2,5 ml/½ çay kaşığı İngiliz veya Kıta hardalı hazırlayın
1 diş sarımsak, ince dilimlenmiş (isteğe bağlı)
Servis için sıcak kızarmış ekmek veya bisküviler (bisküviler)

Mikrodalga ipuçları. Deriyi ve kemikleri çıkarın ve eti atın. Kalan malzemelerle bir mutfak robotuna aktarın ve karışım bir macun oluşturana kadar işleyin. Küçük bir tabağa koyun ve üstünü düzeltin. Ayarlamak için örtün ve soğutun. Sıcak kızarmış ekmek veya tuzlu krakerlerde servis edilirler.

tencere

4 tane giyiyorsun

Başka bir klasik İngiliz Revival tarifi. Taze pişmiş ince beyaz tost ile servis yapın.

175g / 6oz / ¾ fincan tuzsuz tereyağı (tatlı).
225g / 8oz / 2 su bardağı küçük bezelye
Her şeyden biraz
Beyaz biber
Bir tost yapın ve servis yapın

Tereyağını bir tabağa koyun ve bir tabakla örtün. Mikrodalgada eritin, yaklaşık 2-3 dakika. Üçte iki tereyağında yemek kaşığı ve soğan ve biberle tatlandırın. Fırına dayanıklı dört kaba veya kalıba dökün. Hamurun geri kalanıyla eşit şekilde örtün. Tereyağı sertleşene kadar buzdolabında saklayın. Tabaklara aktarın ve tostlarla birlikte yiyin.

Avokadolu Fırında Çırpılmış Yumurta

4 tane giyiyorsun

Hafif bir yemek ya da doyurucu bir başlangıç için yetmişlerden kalma bir tarif.

2 soğan, ince dilimlenmiş
60 ml / 4 yemek kaşığı taze beyaz galeta unu
2,5 ml / ½ çay kaşığı ince rendelenmiş limon kabuğu rendesi
5 ml / 1 çay kaşığı soğan tuzu
2,5 ml/½ çay kaşığı kırmızı biber
45 ml / 3 yemek kaşığı tek krem (light).
Yeni lokasyon karabiber
2 orta boy avokado, henüz olgunlaşmış
2 haşlanmış yumurta (sert haşlanmış), doğranmış
20 ml / 4 yemek kaşığı kızarmış galeta unu
20 ml / 4 porsiyon eritilmiş tereyağı

Kereviz, beyaz galeta unu, limon kabuğu rendesi, soğan, kırmızı biber ve kremayı karıştırın ve tadına göre biberle baharatlayın. Avokadoyu ikiye bölün ve çekirdeklerini çıkarın. Doldurmaya yer açmak için biraz et çekin ve kabaca ezin. Eti yumurtalı rulo karışımına ekleyin. İyice karıştırın ve avokado kabuklarını ekleyin. Ucu merkeze doğru plakaya yerleştirin. Pişmiş ekmek kırıntılarını serpin ve yağ ile gezdirin. Mutfak kağıdı ile örtün ve 4-5 dakika ısıtın. Hemen ye.

Domates ve peynir ile doldurulmuş avokado

2 ana yemek ve 4 meze olarak servis edilir

Vejeteryanlar ve öyle düşünenler için mükemmel karışım.

2 olgun avokado
½ limon suyu
50g/2oz/1 su bardağı yumuşak kahverengi galeta unu
1 küçük soğan, ince rendelenmiş
2 domates, soyulmuş, çekirdekleri çıkarılmış ve doğranmış
Tuz ve taze çekilmiş karabiber
50 gr/½ su bardağı sert peynir, rendelenmiş
Biber
8 kavrulmuş ceviz

Avokadoyu ikiye bölün ve eti doğrudan tabağa alın. Limon suyu ekleyin ve bir çatalla iyice karıştırın. Galeta ununu, soğanı ve domatesi ekleyin, tuz ve karabiberle tatlandırın. Avokado kabuklarını ekleyin ve üzerine peynir ve kırmızı biber serpin. Her yarısını iki cevizle süsleyin. Büyük tarafı içe bakacak şekilde geniş bir tabağa yerleştirin. Mutfak kağıdıyla gevşek bir şekilde örtün ve 5-5½ dakika pişirin. Hemen servis yapın.

Rulo ve elmalı İskandinav salatası

4 tane giyiyorsun

75g/3oz Kurutulmuş Elma Halkaları

150 ml/¼ pt./2/3 bardak su

3 soğan rulo

Çırpma veya çift (ağır) krema 150ml/¼ pt/2/3 bardak.

Servis için puf böreği

Elma dilimlerini yıkayın, parçalara ayırın, orta boy bir kaba koyun ve su ekleyin. Bir plaka ile örtün ve en fazla 5 dakika ısıtın. 5 dakika bekletin, sonra iyice durulayın. Ruloları sarın ve çapraz olarak şeritler halinde kesin. Elma ve soğan ekleyin ve ekşi krema ile karıştırın. Örtün ve bir gece buzdolabında marine edin. Servis yapmadan önce karıştırın, ardından ayrı tabaklara yerleştirin ve çıtır ekmekle servis yapın.

Köri sosu ve elma salatası ile paspas

4 tane giyiyorsun

İskandinav rollmop ve elma salatası gibi hazırlayın, ancak yarısını mayonezle ve diğerini taze krema ile değiştirin. Köri ezmesi ile tatlandırın.

Keçi peynirli marul ve sıcak sos

4 tane giyiyorsun

12 küçük marul yaprağı
1 konteyner
20 roket bıçağı
4 ayrı keçi peyniri
90 ml / 6 yemek kaşığı üzüm çekirdeği yağı
30 ml / 2 yemek kaşığı hindistan cevizi yağı
10 ml/2 yemek kaşığı portakal çiçeği suyu
10 ml/2 yemek kaşığı Dijon hardalı
45 ml / 3 yemek kaşığı pirinç veya sirke
10 ml / 2 çay kaşığı şeker kamışı (çok ince).
5 ml/1 porsiyon tuz

Marul yapraklarını yıkayıp kurulayın. Su haznesini kesin, yıkayın ve kurutun. Rokayı yıkayıp kurulayın. Bu üçünü dört ayrı tabağa düzgün bir şekilde yerleştirin ve her birinin ortasına peyniri yerleştirin. Malzemelerin geri kalanını bir kaba koyun ve ağzı açık olarak 3 dakika pişirin. Karıştırın ve ardından her salatanın üzerine dökün.

Jöle Domatesli Dondurma

4 tane giyiyorsun

4 domates, soyulmuş, çekirdekleri çıkarılmış ve doğranmış

5 ml/1 porsiyon ince kıyılmış taze zencefil kökü

5 ml/1 çay kaşığı ince rendelenmiş limon kabuğu rendesi

20 ml / 4 yemek kaşığı toz jelatin

750 ml/1¼ adet/3 su bardağı tavuk suyu

30 ml / 2 yemek kaşığı domates püresi (salça)

5 ml/1 porsiyon Worcestershire sosu

5 ml/1 porsiyon şeker kamışı (çok ince).

5 ml/1 yemek kaşığı kereviz tuzu

20 ml / 4 yemek kaşığı

Ekim için susam tohumları

Servis için peynirli bisküviler (bisküviler)

Domatesleri dört büyük şarap kadehine eşit olarak bölün, ardından zencefil ve limon serpin. Jelatini 75ml/5 yemek kaşığı rezerv ile 1,5L'lik bir kaseye koyun ve 5 dakika yumuşatın. Neredeyse çözünür, çözülmemiş, çözünmüş. 2 dakika. Çorbanın geri kalanını domates püresi, Worcestershire sosu, şeker ve kereviz tuzu ile karıştırın. Pürüzsüz olana kadar hafifçe karıştırın, ardından hafifçe kalınlaşana kadar soğutun. Domateslerin üzerine dökün ve soğumaya bırakın. Peynirli krakerlerle servis yapmadan önce üzerlerine 5ml/1 çay kaşığı taze krema ve susam serpin.

Domates Dolması

4 tane giyiyorsun

Tereyağlı veya sarımsaklı tereyağlı (soğanlı) kızarmış ekmek üzerinde servis edilen sağlıklı ama rafine, lezzetli bir meze.

6 domates
1 soğan, rendelenmiş
50g/2oz/1 su bardağı taze galeta unu
5 ml / 1 yemek kaşığı hazır hardal
5 ml/1 porsiyon tuz
15 ml/1 yemek kaşığı kıyılmış frenk soğanı veya maydanoz
50 gr / 2 ons / ½ fincan soğuk pişmiş et veya kümes hayvanları, doğranmış karides (karides) veya rendelenmiş peynir
1 küçük yumurta, dövülmüş

Domatesleri ortadan ikiye kesin ve orta kısımlarını sert çekirdeklerini çıkararak bir tabağa alın. Kabuklarını boşaltmak için mutfak kağıdına ters çevirin. Diğer tüm malzemeleri bir kaba alıp domates püresini ekleyin. Birleştirmek için bir çatalla iyice karıştırın, ardından domates yarımlarının üzerine dökün. Plakanın kenarına iki halkayı iç içe yerleştirin. Mutfak kağıdı ile örtün ve tavayı üç kez çevirerek 7 dakika pişirin. Sıcak servis edilir, porsiyon başına üç buçuk.

İtalyan Doldurulmuş Domates

4 tane giyiyorsun

6 domates

75 gr / 3 ons / 1½ su bardağı taze kahverengi galeta unu
175 gr mozzarella peyniri
2,5 ml/kaşık kurutulmuş kekik
2,5 ml/çay kaşığı tuz
10 ml/2 porsiyon kıyılmış fesleğen yaprağı
1 soğan sarımsak, ezilmiş
1 küçük yumurta, dövülmüş

Domatesleri ortadan ikiye kesin ve orta kısımlarını sert çekirdeklerini çıkararak bir tabağa alın. Kabuklarını boşaltmak için mutfak kağıdına ters çevirin. Diğer tüm malzemeleri bir kaba alıp domates püresini ekleyin. Birleştirmek için bir çatalla iyice karıştırın, ardından domates yarımlarının üzerine dökün. Plakanın kenarına iki halkayı iç içe yerleştirin. Mutfak kağıdı ile örtün ve tavayı üç kez çevirerek 7-8 dakika pişirin. Servis başına üç buçuk, sıcak veya soğuk servis yapın.

Domates ve tavuk salata kapları

4 tane giyiyorsun

/ 450 ml / 2 su bardağı et suyu başına ¾
15ml/1 çay kaşığı jelatin tozu
30 ml / 2 yemek kaşığı domates püresi (salça)
1 küçük soğan, ince rendelenmiş
5 ml/1 porsiyon şeker kamışı (çok ince).
1 yeşil (yağlı) dolmalık biber, ince doğranmış
175 gr / 6 ons / 1½ fincan soğuk pişirilmiş et, ince dilimlenmiş
1 havuç, rendelenmiş
2 konserve ananas halkası (taze veya jöleli değil)
2 adet haşlanmış yumurta (kaynatılmış), rendelenmiş

Çorbanın yarısını 1,5 litre/2½ litre/6 fincan fırına dayanıklı bir kaba dökün. Jelatini ekleyin ve 5 dakika yumuşatın. Açıkta tavada buz çözme, 2-2½ dakika. Malzemelerin geri kalanını ekleyin, birleştirmek için iyice karıştırın. Örtün ve soğuyana kadar soğutun, sadece koyulaşmaya başlayın, ardından yumurta hariç kalan malzemeleri ekleyin. Dört bardağa bölün ve katılaşana kadar buzdolabında saklayın. Servis yapmadan önce yumurta sürün.

Yumurta ve doğranmış soğan

4 açık ve 6 açık

Geleneksel matzah gibi krakerlerle tadı en iyi olan harika bir Yahudi klasiği. En büyük avantajı mikrodalgada yumurta pişirmektir - mutfak buharlıdır ve yıkanacak bulaşık yoktur. Burada tereyağı veya başka bir margarin önerilir, ancak Ortodoks cemaati yalnızca bitkisel margarin kullanır.

5 haşlanmış (sert kaynamış) yumurta, soyulmuş ve ince dilimlenmiş
40 gr / 1½ ons / 3 yemek kaşığı tereyağı veya margarin, yumuşatılmış
1 soğan, ince rendelenmiş
Tuz ve taze çekilmiş karabiber
Süslemek için marul yaprakları veya maydanoz

Çırpılmış yumurtaları tereyağı veya margarinle çırpın. Soğan ve mevsim ile karıştırın. Dört tabağa dizin ve her birini marul veya maydanozla süsleyin.

kiş Lorraine

Hizmetler 4-6

Orijinal Fransız aromalı turta veya çeşitli "hardal".

Hamur için (makarna):

175g/6oz/1½ fincan sade (çok amaçlı) un.

1,5 ml / ¼ çay kaşığı tuz

100 g / 3½ ons / küçük ½ fincan tereyağlı margarin, beyaz katı yağ veya domuz yağı ile karıştırılmış veya bütün margarini kullanın

1 küçük yumurta sarısı

Doldurmak:

6 dilim pastırma

3 yumurta

300ml / ½ çay kaşığı / 1¼ bardak süt veya krema (hafif)

2,5 ml / ½ çay kaşığı tuz

Yeni lokasyon karabiber

rendelenmiş ceviz

Hamuru yapmak için un ve tuzu bir kaba alın. Karışımı ince galeta unu gibi olana kadar yağda yoğurun, ardından soğuk suyla sert bir hamur elde edene kadar karıştırın. Folyo ile örtün ve ½ ila ¾ saat buzdolabında saklayın. Yuvarlanan bir yüzeye çevirin ve homojen olana kadar hızlı ve kolay bir şekilde yoğurun. İnce bir daire açın ve 20 cm çapında bir cam, porselen veya seramik tabakla hizalayın. Üst kenarı küçük puflar halinde sıkıştırın, ardından bir çatalla bastırın. Tahtayı iki kez çevirerek 6 dakika pişirin. Hamur yer yer şişmişse fırına dayanıklı bir el ile hafifçe bastırın. Üzerine yumurta sarısı sürüp 1 dakika kadar deliklerin kapanması için kızartın. Dolguyu hazırlarken bir kenara koyun.

Pastırmayı kağıt havluyla kaplı bir tabağa koyun, ikinci bir kağıt havluyla örtün ve bir kez çevirerek 5 dakika pişirin. Süzün ve hafifçe soğutun. Her keki üç parçaya kesin ve kelepçeli kalıbın tabanına yerleştirin. Yumurtaları süt veya krema ile baharatlayın, tuz ve karabiber ekleyin. Domuzu dikkatlice süsleyin ve ceviz serpin. Tavayı dört kez döndürerek 10 ila 12 dakika veya merkezde kabarcıklar çıkmaya başlayana kadar pişirin. Dilimlemeden önce 10 dakika bekletin. Sıcak veya soğuk yiyin.

peynir ve domates

Hizmetler 4-6

Quiche Lorraine gibi hazırlayın, ancak pastırmayı üç soyulmuş ve dilimlenmiş domatesle değiştirin.

Somon füme ile karıştırın

Hizmetler 4-6

Quiche Lorena ile aynı şeyi hazırlayın, ancak 175 gr domuz eti füme somon dilimleri ile değiştirin.

krep kısa

Hizmetler 4-6

Quiche Lorena ile aynısını yapın, ancak domuz eti yerine 175g/6oz/1½ fincan kıyma koyun.

ıspanak

Hizmetler 4-6

Quiche Lorena olarak hazırlayın, ancak kabuğu pastırma yerine 175 gr pişmiş, kuru ıspanakla kaplayın. (Ispanak mümkün olduğunca kuru olmalıdır, aksi takdirde hamur (makarna) yumuşak olur.)

Akdeniz

Hizmetler 4-6

Quiche Lorraine olarak hazırlayın, ancak pastırma yerine 185 gr yağda ton balığı pulları, 12 siyah zeytin ve 20 ml/4 yemek kaşığı domates püresi (salça) ile kaplayın.

kuşkonmazlı kiş

Hizmetler 4-6

Quiche Lorena gibi hazırlayın, ancak 350g/12oz/1 domuz eti yerine büyük kuşkonmaz koyun. İyice süzün, altı şişi ayırın ve kalanını kesin. Tencerenin altını kapatmak için kullanılır. Şişlerle süsleyin.

kırık fındık

Hizmetler 4-6

225g/8oz/2cup ceviz yarımları
50g/2oz/¼ fincan tereyağı
10 ml/2 porsiyon mısır yağı
5 ml/1 porsiyon toz hardal
5 ml/1 porsiyon kırmızı biber
5 ml/1 yemek kaşığı kereviz tuzu
5 ml / 1 çay kaşığı soğan tuzu
2,5 ml/kaşık toz biber
Tuz

Yarım cevizleri kızartın. Tereyağını ve sıvı yağı derin olmayan bir tavada 1,5 dakika ısıtın. Fındıkları ekleyin ve yağ birleşene kadar yağ ve tereyağı ile hafifçe karıştırın. Üstü açık bırakın ve 3-4 dakika pişirin, sık sık çevirin ve kahverengileşmeye başladıklarını dikkatlice izleyin. Mutfak kağıdına su dökün. Plastik bir torbada hardal tozu, kırmızı biber, kereviz tuzu, arpacık soğanı, kırmızı biber tozu ve tuzu tatmak için karıştırın. Hava geçirmez bir kapta saklayın.

Brezilya körili fındık

Hizmetler 4-6

225 gr Brezilya fıstığı, iri kıyılmış
50g/2oz/¼ fincan tereyağı
10 ml/2 porsiyon mısır yağı
20 ml/4 porsiyon hafif, orta veya baharatlı köri tozu
Tuz

Brezilya fındığı. Tereyağını ve sıvı yağı derin olmayan bir tavada 1,5 dakika ısıtın. Fındıkları ekleyin ve yağ birleşene kadar yağ ve tereyağı ile hafifçe karıştırın. Üstü açık bırakın ve 3-4 dakika pişirin, sık sık çevirin ve kahverengileşmeye başladıklarını dikkatlice izleyin. Mutfak kağıdına su dökün. Köri ve tuzu tadına bakmak için plastik bir torbaya koyun. Hava geçirmez bir kapta saklayın.

Mavi peynir ve ceviz

Hizmetler 4-6

Kiş ailesine sofistike bir katkı.

Hamur için (makarna):

175g/6oz/1½ fincan sade (çok amaçlı) un.

1,5 ml / ¼ çay kaşığı tuz

100 g / 3½ ons / küçük ½ fincan tereyağlı margarin, beyaz katı yağ veya domuz yağı ile karıştırılmış veya bütün margarini kullanın

45 ml/3 yemek kaşığı ince kıyılmış ceviz

1 küçük yumurta sarısı

Doldurmak:

200g / 7oz / küçük 1 su bardağı tam yağlı krem peynir

30-45 ml/2-3 yemek kaşığı kıyılmış frenk soğanı veya taze soğan

125g / 4oz / porsiyon 1 su bardağı mavi peynir, ufalanmış

5 ml/1 porsiyon kırmızı biber

3 yumurta

60ml/4 yemek kaşığı krema veya tek krema (hafif).

Tuz ve taze çekilmiş karabiber

Hamuru yapmak için un ve tuzu bir kaba alın. Karışımı ince galeta unu gibi olana kadar yağda ovalayın, ardından kıyılmış cevizleri ekleyin. Hamuru soğuk suyla karıştırın. Folyo ile örtün ve ½ ila ¾ saat buzdolabında saklayın. Yuvarlanan bir yüzeye çevirin ve homojen olana kadar hızlı ve kolay bir şekilde yoğurun. İnce bir daire açın ve 20 cm çapında bir cam, porselen veya seramik tabakla hizalayın. Üst kenarı küçük puflar halinde sıkıştırın, ardından bir çatalla bastırın. Tahtayı iki kez çevirerek 6 dakika pişirin. Hamur yer yer şişmişse fırına dayanıklı bir el ile hafifçe bastırın. Üzerine yumurta sarısı sürüp 1 dakika kadar deliklerin kapanması için kızartın. Dolguyu hazırlarken bir kenara koyun.

Doldurma malzemelerini bir mutfak robotuna koyun, tuz ve karabiber ekleyin ve pürüzsüz olana kadar karıştırın. Hamura (kurabiye) hafifçe yayın. Tavayı üç kez çevirerek 14 dakika pişirin. 5 dakika bekletin. Sıcak veya soğuk yiyin.

Zengin karaciğer

8-10 öğün

Cömert davetlerde veya özel yemeklerde sıcak tost ile servis edilir.

250g / 9oz / cömert 1 su bardağı tereyağı
1 soğan sarımsak, ezilmiş
450g/1 lb tavuk ciğeri
1,5 ml / ¼ yemek kaşığı rendelenmiş ceviz
Tuz ve taze çekilmiş karabiber

175g / 6oz / ¾ fincan tereyağını 1,75L / 3 parça / 7½ fincan tencereye koyun ve en yüksek hızda 2 dakika eritin. Sarımsağı karıştırın. Her bir tavuk ciğeri parçasını bıçak ucuyla delin ve bir tabağa koyun. Tereyağı ile iyice karıştırın. Bir tabakla örtün ve iki kez karıştırarak yüksek ateşte 8 dakika pişirin. Fındıkları karıştırın ve tatmak için iyice baharatlayın. iki grupta

Sıcak ve Ekşi Yengeç Çorbası

Kapılar 6

Çin'den büyük katkı, kolay gelsin.

1 litre / 1¾ adet / 4¼ bardak kümes hayvanları
225 gr/7 ons/1 küçük, iri kıyılmış kestane nemli olabilir
225g / 7oz / 1 küçük kutu doğranmış bambu filizi suda
İnce dilimler halinde kesilmiş 75 gr mantar
150 gr tofu, küçük küpler halinde kesilmiş
175 gr / 6 ons / 1 küçük tuzsuz yengeç, tuzsuz ve sırlı
15 ml / 1 yemek kaşığı mısır nişastası
15 ml / 1 yemek kaşığı su
30 ml / 2 yemek kaşığı malt sirkesi
15 ml/1 yemek kaşığı soya sosu
5 ml/1 porsiyon ayçiçek yağı
2,5 ml/çay kaşığı tuz
1 büyük yumurta

Et suyunu 2 litre/3½ litre/8½ fincanlara dökün. Su kestanesi ve bambu filizleri ile kaseler ekleyin. Mantarları, tofuyu ve karınca şapkasını ekleyin. Rahatsız edici. Kabı streç filmle (plastik) örtün ve buharın çıkması için iki kez kesin. 15 dakika pişirin. Buharın yanmasını önlemek için dikkatlice açın ve birleştirmek için iyice karıştırın. Mısır unu ve sirkeyi yavaşça karıştırın, ardından malzemelerin geri kalanına ekleyin. Çorbayı yavaşça karıştırın.

Daha önce olduğu gibi örtün ve tam 4 dakika pişirin. Karıştırın ve büyük bir tabak veya kapakla örtün. 2 dakika bekletin. Porselen tabaklarda sıcak servis yapın.

Hafif bir oryantal çorba

3-4 öğün

400 ml / 16 fl oz / 1 büyük kutu sığırkuyruğu çorbası

400ml/16oz/1 büyük hindistan cevizi sütü alabilir

Tuz

Toz biber

kıyılmış kişniş

Popadomlar, servis edilecek

Çorbayı ve hindistancevizi sütünü 1,75 litrelik bir tencereye dökün. Tatmak için tuz ekleyin. İki kez karıştırarak 7-8 dakika ısıtın. Sıcak kaselere koyun, üzerine pul biber ve kişniş serpin ve popadomlarla servis yapın.

Ciğer çorbası

4 tane giyiyorsun

50g/2oz/1 su bardağı taze galeta unu
50 gr tavuk ciğeri, doğranmış
15 ml/1 yemek kaşığı ince kıyılmış maydanoz artı süsleme için ekstra
5 ml / 1 yemek kaşığı soğan
1,5 ml/¼ çay kaşığı mercanköşk
1,5 ml / ¼ çay kaşığı tuz
Yeni lokasyon karabiber
½ yumurta, çırpılmış
750 ml / 1¼ porsiyon / 3 su bardağı temiz et veya tavuk suyu veya konserve sıvı et suyu

Çorba ve et suyu hariç tüm malzemeleri bir kaba koyun. İyice karıştırın ve 12 küçük köfte oluşturun. Et suyunu veya bulyonu 1,5 litre/2,5 karat/6 fincan derin bir tabağa dökün ve üzerini bir tabakla kapatın. Bir kaynamaya getirin ve yaklaşık 8-10 dakika pişirin. Et suyu ekleyin. Makarna yükselene ve tavanın üstüne çıkana kadar 3-4 dakika pişirin. Sıcak tabaklara aktarın, üzerine maydanoz serpin ve hemen servis yapın.

havuç kremalı çorba

Kapılar 6

30 ml / 2 yemek kaşığı mısır unu (mısır nişastası)
550 g/1 ¼ f/1 büyük lens
/ 450ml / ¾ başına 2 bardak soğuk süt
7,5-10 ml / 1 ½ - 2 yemek kaşığı tuz
300 ml/½ porsiyon/1 ¼ bardak ılık su
60 ml / 4 yemek kaşığı tek krem (hafif).

Mısır unu 3 quart / 5 ¼ quart / 12 fincan kaseye koyun. Kasedeki sıvıyı havuçlarla yavaşça karıştırın. Havuçları bir blender veya mutfak robotunda öğütün. Süt ve tuz ile bir tencereye koyun. Kıvamı sağlamak için dört veya beş kez hafifçe karıştırarak koyulaşana kadar 12 dakika pişirin. ılık su ile karıştırın. Sıcak kaselere dökün ve üzerine 10ml/2 yemek kaşığı krema ekleyin.

Soğuk Havuç-Yulaf Çorbası

Kapılar 6

1 büyük pırasa, doğranmış ve iyice yıkanmış
4 büyük havuç, ince dilimlenmiş
3 küçük orta boy patates, küçük küpler halinde kesilmiş
150 ml/¼ pt./2/3 su bardağı ılık su
600 ml / 1 adet / 2½ su bardağı sebze çorbası
300 ml/½ adet/1¼ fincan tek krema (hafif).
Tuz ve taze çekilmiş karabiber
Sabit tank

Boruyu sıkıca kesin. Tüm sebzeleri 2 litre/3½ puan/8½ bardak sıcak suya koyun. Buharın çıkmasını sağlamak için streç filmle (plastik) örtün ve ikiye bölün. Sebzeler yumuşayana kadar tam 15 dakika pişirin. Sıvıyı tencereden bir karıştırıcıya veya mutfak robotuna aktarın ve gerekirse biraz daha et suyu ekleyin. Büyük bir kaseye koyun ve diğer malzemelerle karıştırın. Örtün ve soğutun. Servis yapmadan önce krema ile dikkatlice karıştırın ve tadın. Çorbayı kaselere dökün ve her birine biraz su gezdirin.

Kişnişli Havuç Çorbası

Kapılar 6

Kereviz kremalı çorba yapın, ancak kerevizle birlikte bir blender veya mutfak robotuna bir demet taze kişniş yaprağı ekleyin. İstenirse krema eklenebilir.

Portakal çorbası ile havuç

Kapılar 6

Havuç çorbası ile aynı şekilde hazırlayın ancak pişirme sırasında çorbanın yarısına 10 ml/2 yemek kaşığı rendelenmiş portakal kabuğu ekleyin. Çırpılmış krema ve biraz Grand Marnier ile servis yapın.

Kremalı Salata Çorbası

Kapılar 6

75g/3oz/1/3 fincan tereyağı veya margarin
2 soğan, rendelenmiş
225 gr şeritler halinde kesilmiş yumuşak marul
600 ml / 1 adet / 2½ su bardağı krema
30 ml / 2 yemek kaşığı mısır unu (mısır nişastası)
300 ml / ½ pt / 1¼ bardak ılık su veya sebze suyu
2,5 ml/çay kaşığı tuz

50 gr tereyağı veya margarini 1,75 litrelik bir tencerede 2 dakika eritin. Soğan ve marulu karıştırın. Bir tabakla örtün ve 3,5 dakika pişirin. Sütün üçte birini karıştırıcıya dökün. İyi geri dönüştürün. Tencereye geri dön. Kalan 60ml/4 yemek kaşığı mısır nişastasını dikkatlice süte karıştırın. Çorbayı kalan süt, su veya sıcak et suyu ve tuz ile ekleyin. Pürüzsüz olması için sık sık karıştırarak 15 dakika yüksek ateşte pişirin. Her birine 5 ml/1 çay kaşığı yağ ekleyin ve sıcak tabaklarda servis yapın.

yeşil çorba çorbası

Hizmetler 4-6

1 yuvarlak yeşil salata
125 gr su teresi veya bebek ıspanak
1 pırasa, sadece beyaz kısmı, dilimlenmiş
300 ml/½ porsiyon/1¼ bardak ılık su
60 ml/4 yemek kaşığı mısır unu (mısır nişastası)
300 ml / ½ pt / 1¼ bardak soğuk süt
25 gr / 1 ons / 2 yemek kaşığı tereyağı veya margarin
Tuz
Servis için kruton

Marulu ve su teresini veya ıspanağı güzelce yıkayıp doğrayın. 1,5-quart/2½-quart/6-cup şişeyi suyla doldurun. Buharın çıkmasını sağlamak için streç filmle (plastik) örtün ve ikiye bölün. Tavayı iki kez çevirerek 10 dakika yüksekte pişirin. 10 dakika soğumaya bırakın. Bir karıştırıcıya aktarın ve pürüzsüz olana kadar karıştırın. Tencereye geri dön. Mısır sütünü dikkatlice karıştırın. Tavaya tereyağı veya margarin ve tatmak için tuz ekleyin. Üç kez 8-10 dakika veya iyice ısınana ve hafifçe kalınlaşana kadar pişirin. Sıcak çorbayı kaselere alın ve her bir soğanın üzerine koyun.

wasabi ile maydanoz-maydanoz çorbası

Kapılar 6

Yaban turpu ve wasabi'nin ince bir dokunuşuyla, bu harika aromalı, tatlılığı sadece yaban havucundan gelen çok özel bir çorba.

30 ml / 2 yemek kaşığı mısır veya ayçiçek yağı
450 gr yaban havucu, soyulmuş ve dilimlenmiş
900 ml / 1½ adet / 3¾ su bardağı sebze çorbası veya et suyu
10 ml / 2 çay kaşığı Japon wasabi tozu
30 ml / 2 yemek kaşığı kıyılmış maydanoz
150ml/¼ çay kaşığı/2/3 fincan krema (hafif).

Yağı 2 quart/3½ pt/8½ fincan tencereye dökün. Yaban havucu ekleyin. Buharın çıkmasını sağlamak için streç filmle (plastik) örtün ve ikiye bölün. Tavayı iki kez çevirerek 7 dakika kızartın. Et suyu ve wasabi tozu ekleyin. Bir tabakla örtün ve 6 dakika pişirin. Hafifçe soğutun ve pürüzsüz olana kadar bir karıştırıcıda karıştırın. Tencereye geri dön. Maydanozu karıştırın. Daha önce olduğu gibi örtün ve tam 5 dakika pişirin. Ekşi krema ile karıştırın ve servis yapın.

Tatlı patates çorbası

Kapılar 6

Wasabi ile yaban havucu ve maydanoz çorbası yapın, ancak doğranmış tatlı patatesleri portakal eti ile değiştirin.

sebze kremalı çorba

Hizmetler 4-6

Çok sağlıklı bir çorba - istediğiniz veya elinizde bulunan herhangi bir sebze kombinasyonunu kullanın.

450g/1lb karışık taze sebze
1 soğan, doğranmış
25 gr/1 ons/2 yemek kaşığı tereyağı veya margarin veya 30 ml/2 yemek kaşığı ayçiçek yağı
175ml / 6oz / ¾ su bardağı
/ 450 ml / ¾ ila 2 bardak süt veya süt ve su karışımı
15 ml/1 yemek kaşığı mısır unu (mısır nişastası)
2,5 ml/çay kaşığı tuz
kıyılmış maydanoz

Sebzeleri türüne göre hazırlayın ve küçük parçalar halinde kesin. 2 quart/3½ pt/8½ fincan kasede soğan, tereyağı, margarin veya tereyağı ve 30ml/2 yemek kaşığı suyu karıştırın. Bir tabakla örtün ve dört kez karıştırın ve 12-14 dakika tam ateşte pişirin. Pürüzsüz olana kadar bir karıştırıcıda çalışın. Süt veya dörtte üçü süt ve su ile tencereye geri dönün. Kalan mısır sıvısıyla dikkatlice karıştırın ve tavaya tuz ekleyin. Dört kez karıştırın ve tam ateşte 6 dakika pişirin. Çorbayı kaselere dökün ve her birine maydanoz serpin.

Yeşil Bezelye Çorbası

Hizmetler 4-6

Sebze çorbasının kremasını hazırlayın, ancak sebze ve soğan karışımını 450 gr donmuş bezelye ile değiştirin. Maydanoz yerine hafif dilimlenmiş ekmekle süsleyin.

Balkabağı çorbası

Hizmetler 4-6

Sebze çorbası olarak hazırlayın, ancak 450g çorba yerine sebze ve soğanları havuç, soğan, ceviz veya kerevizle değiştirin. Her porsiyonu maydanoz yerine rendelenmiş ceviz serpin.

mantar kremalı çorba

Hizmetler 4-6

Kremalı sebze çorbası hazırlayın, ancak sebze ve soğan karışımını mantarla değiştirin.

Kremalı Balkabağı Çorbası

6-8 öğün

Özellikle Cadılar Bayramı için, ancak çorba gerçekten soğuk, bu yüzden kalanları dondurun veya balkabağı mevsiminde fazladan bir parti yapın ve yazın başları için saklayın.

1,75 kg taze kabak, dilimlenmiş veya bütün

2 soğan, iri kıyılmış

15-20 ml / 3-4 yemek kaşığı tuz

600 ml / 1 adet / 2½ su bardağı krema

15 ml/1 yemek kaşığı mısır unu (mısır nişastası)

30 ml/2 yemek kaşığı soğuk su

2,5 ml/kaşık rendelenmiş ceviz

Servis için kruton (isteğe bağlı)

Balkabağını karpuz gibi kesin. Tohumları çıkarın, yıkayın ve kurutun. Bir tabağa tek sıra halinde dizin. Tam formda 4 dakika hafifçe açılmalıdır. Soğumaya bırakın, ardından kabukları açın ve tohumları çıkarın. Kitap. Fırını temizleyin ve soğanı çok büyük küpler halinde kesin. Soğanlı büyük bir kaseye koyun ve iyice karıştırın. Streç filmle (plastik sargı) sıkıca kapatın, ancak kesmeyin. Tavayı dört kez çevirerek 30 dakika pişirin. Ocaktan alıp 10 dakika kenarda bekletin. Kabak, soğan ve pişirme sıvısını bir blender veya mutfak robotunda birkaç parti halinde karıştırın. Tencereye geri dön. Tuz ve sütü karıştırın. Mısır şurubunu dikkatlice karıştırın ve muskat ekleyin. kız, açılmamış,

hindistan cevizi çorbası

6-8 öğün

4 parça tavuk
Yaklaşık 4 pint kesilmiş
1,25 litre / 2¼ su bardağı / 5½ su bardağı sıcak su
10 ml / 2 yemek kaşığı tuz
1 buket garni zarf
50g/2oz/¼ fincan uzun taneli hafif pişmiş pirinç
12 bıçak

Tavuğu yıkayın ve 20 cm derinliğinde bir kaba (Hollanda fırını) koyun. Bir karınca ekleyin. Buharın çıkmasını sağlamak için streç filmle (plastik) örtün ve ikiye bölün. 12 dakika pişirin. Tavuğu tencereden çıkarın, eti kemiklerinden ayırın ve küçük parçalar halinde kesin. Kitap. Suyu ikinci büyük kaseye dökün. Pirinci, mercimeği ve sıvıyağı, tuz ve mısır nişastasıyla birlikte tencereye ekleyin. Bir tabakla örtün ve toplam 18 dakika pişirin. Tavuk ve karidesleri karıştırın. Daha önce olduğu gibi örtün ve 3 dakika daha pişirin. Çok sıcakken yiyin.

Çorba Çorba

Kapılar 6

30 ml / 2 yemek kaşığı inci arpa
225 gr kuzu fileto, lokma büyüklüğünde küpler halinde kesilmiş

1,2 litre / 2 puan / 5 su bardağı sıcak su

1 büyük soğan, doğranmış

1 havuç, ince doğranmış

1 küçük şalgam, ince doğranmış

1 küçük pırasa, doğranmış

Tuz ve taze çekilmiş karabiber

kıyılmış maydanoz

Arpayı 75 ml/5 yemek kaşığı soğuk suda 4 saat bekletin. Çizmek. Kuzuyu 2,25 quart/4 quart/10 cup tavaya koyun. Sıcak su ve arpa ekleyin. Bir tabakla örtün ve 4 dakika pişirin. Görüş. Hazırlanan sebzeleri, tuzu ve karabiberi ekleyin. Daha önce olduğu gibi örtün ve arpa yumuşayana kadar 25-30 dakika pişirin. 5 dakika bekletin. Sıcak çorbayı kaselere dökün ve üzerine maydanoz serpin.

Tavuk ve avokado ile İsrail çorbası

4-5 öğün

900 ml / 1½ adet / 3¾ bardak lezzetli et suyu

1 büyük olgun avokado, soyulmuş ve çekirdeği çıkarılmış

30 ml/2 yemek kaşığı taze limon suyu

Tavuk suyunu 1,5 litre/2½ litre/6 fincan güveç kabına dökün. Bir tabakla örtün ve yüksek ateşte 9 dakika pişirin. Avokado posasını limon suyuyla ezin. Sıcak çorbayı karıştırın. Daha önce olduğu gibi örtün ve yüksek ateşte 1 dakika pişirin. Sıcak servis edilir.

Çiğ Etli Avokado Çorbası

4-5 öğün

İsrail Tavuklu Avokado Çorbası hazırlayın ve her birini 7,5 ml/1½ yemek kaşığı pişmiş arpacıkla süsleyin.

çorba

Kapılar 6

450 gr çiğ pancar
75 ml / 5 yemek kaşığı su
1 büyük havuç, soyulmuş ve rendelenmiş
1 küçük şalgam, soyulmuş ve rendelenmiş
1 soğan, soyulmuş ve rendelenmiş

750 ml / 1¼ adet / 3 su bardağı sıcak et veya sebze çorbası

125 gr beyaz lahana, doğranmış

15 ml/1 yemek kaşığı limon suyu

5 ml/1 porsiyon tuz

Yeni lokasyon karabiber

90 ml / 6 yemek kaşığı krema (süt).

Salatalığı iyice yıkayın ama kabuksuz bırakın. 20 cm çapında bir tencereye bir kat su koyun. Buharın çıkmasını sağlamak için streç filmle (plastik) örtün ve ikiye bölün. 15 dakika pişirin. Havuçları, şalgamları ve soğanları 2 quart/3½ quart/8½ fincan kaseye koyun. Süzün ve temizleyin ve dilimler halinde kesin. Bitki karışımını 150 ml/¼ pt/2/3 kap stoğuna ekleyin. Daha önce olduğu gibi örtün ve tam 10 dakika pişirin. Çorbanın geri kalanını ve ekşi krema ve baharatlar dışındaki tüm malzemeleri karıştırın. Bir tabakla örtün ve dört kez karıştırın ve 10 dakika tam ateşte pişirin. Kepçeyi sıcak çorba kaselerine koyun ve her birinin üzerine 15ml/1 yemek kaşığı krema ekleyin.

Soğuk pancar çorbası

Kapılar 6

Pancar çorbası gibi hazırlayıp soğumaya bırakın. Soğuyunca süzün. 150 ml/¼ puan/2/3 su bardağı soğuk su ve 1 büyük pişmiş pancarı ince doğranmış olarak ekleyin. 15 dakika bekletin. Yine kayıyor. Ek limon suyuyla tatlandırın. Servis yapmadan önce birkaç saat soğutun.

Soğuk pancar çorbası

Kapılar 6

Soğuk pancar çorbası gibi hazırlayın. İkinci elekten sonra, 250 ml/1 fincan yarı yağlı ağır kremayı bir blender veya mutfak robotunda karıştırın. Dinlenmek.

Portakallı Mısır Çorbası

4-5 öğün

125g / 4oz / ½ bardak turuncu mısır

1 büyük soğan, rendelenmiş
1 büyük havuç, rendelenmiş
½ küçük şalgam, rendelenmiş
1 patates, rendelenmiş
20 ml / 4 yemek kaşığı tereyağı veya margarin
5 ml / 1 yemek kaşığı mısır veya ayçiçek yağı
30 ml/2 yemek kaşığı kıyılmış maydanoz, isteğe bağlı olarak dekorasyon için
900 ml / 1½ porsiyon / 3¾ su bardağı sıcak tavuk veya sebze suyu
Tuz ve taze çekilmiş karabiber

Lensleri yıkayın ve kurutun. Sebzeleri, tereyağı veya margarini ve tereyağını 2 quart/3½ quart/8½ cup kaseye koyun. maydanoz ekleyin. Üç kez karıştırın ve tam ateşte 5 dakika pişirin. Ispanağı ve sıcak et suyunun üçte birini ilave edin. Lezzetli mevsim. Buharın çıkmasını sağlamak için streç filmle (plastik) örtün ve ikiye bölün. Yüzeyi yumuşayana kadar 10 dakika yüksekte pişirin. (Değilse, 5-6 dakika daha pişirin.) Bir blender veya mutfak robotuna aktarın ve tamamen saf olana kadar karıştırın. Kalan çorba ile kaseye koyun. Bir tabakla örtün ve yüksek ateşte üç kez karıştırarak 6 dakika pişirin. Her porsiyona maydanoz serpin ve hemen servis yapın.

Peynir ve kavrulmuş kaju fıstığı ile portakal mısır çorbası

4-5 öğün

Portakallı mısır çorbası gibi hazırlayın, ancak son ısıtmadan sonra 60ml/4 yk rendelenmiş edamame peyniri ve 60ml/4 yk doğranmış kavrulmuş kakao çekirdekleri ekleyin.

domates dekorasyonu ile mısır çorbası

4-5 öğün

Portakallı mısır çorbası gibi hazırlayın, ancak maydanoz serpmek yerine 5 ml/1 çay kaşığı güneşte kurutulmuş domates püresi ile servis yapın, ardından bir parça taze domatesle karıştırın.

Sarı Bezelye Çorbası

6-8 öğün

İsveç'te her Perşembe yenilen bezelye çorbasının İsveç versiyonu. Genellikle krep ve reçeldir.

350 gr/1½ su bardağı kabuklu nohut, durulanmış

900 ml / 1½ su bardağı / 3¾ su bardağı soğuk su
5 ml / 1 yemek kaşığı
1 kemik, yaklaşık 450-500 g/1 f
750 ml / 1¼ su bardağı / 3 su bardağı sıcak su
5-10 ml / 1-2 yemek kaşığı tuz

Doğranmış bezelyeleri bir karıştırma kabına alın. Soğuk su ekleyin. Bir tabakla örtün ve 6 dakika pişirin. 3 saat bekletin. Nohutları ve ıslatılmış suyu 2,5 litre / 4½ litre / 11 fincanlık bir kaseye aktarın. Mercanköşkü karıştırın ve kemikleri ekleyin. Buharın çıkmasını sağlamak için streç filmle (plastik) örtün ve ikiye bölün. 30 dakika pişirin. Sıcak suyun yarısı ile karıştırın. Daha önce olduğu gibi örtün ve 15 dakika daha pişirin. Kemiği çıkarın. Eti kemiklerinden çıkarın ve küçük parçalar halinde kesin. Kalan sıcak çorba suyunu ekleyin. Tuzla tatlandırın. İyice karıştırın. Bir plaka ile örtün ve en fazla 3 dakika ısıtın. Gerekirse çorbayı ilave kaynar su ile seyreltebilirsiniz.

Fransız soğan çorbası

Kapılar 6

30 ml / 2 yemek kaşığı tereyağı, margarin veya ayçiçek yağı
4 soğan, ince dilimlenmiş ve halkalar halinde kesilmiş
20 ml/4 porsiyon mısır unu (mısır nişastası)
900 ml / 1½ adet / 3¾ bardak sıcak dana eti veya et suyu
Tuz ve taze çekilmiş karabiber

Çapraz olarak kesilmiş 6 dilim Fransız ekmeği
90ml/6 yemek kaşığı Gruyere (İsviçre) veya Jarlsberg peyniri
Biber

Tereyağı, margarin veya sıvı yağı 2 quart/3½ quart/8½ cup kaseye koyun. Isıyı 2 dakika açın. Soğan halkalarını tencerede karıştırın. Tam ateşte 5 dakika pişirin. Mısırı karıştırın. Yavaş yavaş sıcak et suyunun yarısını dökün. Kabı streç filmle (plastik) örtün ve buharın çıkması için iki kez kesin. Tencereyi dört kez çevirerek 30 dakika pişirin. Çorbanın geri kalanını karıştırın ve tadın. İyice karıştırın. Çorbayı altı kaseye dökün ve her kaseye birer dilim ekmek koyun. Peynir ve kırmızı biber serpin. Her kaseyi tekrar mikrodalgaya koyun ve peynir eriyene ve köpürene kadar 1,5 dakika yüksekte ısıtın. Hemen ye.

İtalyan Sebze Çorbası

8-10 öğün

350g yaban mersini (yaban mersini), ince dilimlenmiş
225g/8oz havuç, ince dilimlenmiş
225 gr ince kıyılmış soğan
125 gr beyaz lahana, doğranmış
125 gr karalahana, doğranmış

3 soğan, ince dilimlenmiş

3 patates, doğranmış

125 gr/1 su bardağı taze veya dondurulmuş nohut

125 gr doğranmış taze veya dondurulmuş yeşil fasulye

400g / 14oz / 1 büyük domates

30 ml / 2 yemek kaşığı domates püresi (salça)

50 gr uzunlamasına kesilmiş makarna

1 litre / 1¾ su bardağı / 4¼ su bardağı sıcak su

15-20 ml / 3-4 yemek kaşığı tuz

100 gr/1 su bardağı rendelenmiş parmesan

Hazırlanan sebzeleri 3,5L/6pt/15cup kavanoza koyun. Su ve tuz hariç kalan malzemeleri karıştırın, ardından bir tahta kaşık kullanarak kasenin kenarlarındaki domatesleri kırın. Büyük bir tabakla örtün ve üç kez karıştırın ve tam ateşte 15 dakika pişirin. Dörtte üçü sıcak su ekleyin. Daha önce olduğu gibi örtün ve dört veya beş kez karıştırarak 25 dakika pişirin. Mikrodalgadan çıkarın. Suyun geri kalanını tuzla karıştırın. Çorba çok koyu görünüyorsa, daha fazla kaynar su ekleyin. Derin tabaklara yerleştirin ve ayrıca verilen Parmesan peyniri ile servis yapın.

sebzeli çorba Cenevizli

8-10 öğün

Minestrone gibi hazırlayın, ancak servis yapmadan önce 30ml/2 yemek kaşığı hazır yeşil pesto ekleyin.

İtalyan Patates Çorbası

4-5 öğün

1 büyük soğan, doğranmış
30 ml / 2 yemek kaşığı zeytinyağı veya ayçiçek yağı
4 büyük patates
1 küçük kemik suyu
1,25L / 2¼ su bardağı / 5½ su bardağı sıcak tavuk suyu

Tuz ve taze çekilmiş karabiber

60 ml / 4 yemek kaşığı tek krem (hafif).

rendelenmiş ceviz

30 ml / 2 yemek kaşığı kıyılmış maydanoz

Soğanı ve yağı 2,25 kuart/4 kuart/10 fincan tencereye koyun. İki kez karıştırın ve 5 dakika erimesini bekleyin. Bu arada patatesleri soyup ezin. Soğanı ilave edin ve tat vermek için kemik suyu, sıcak et suyu ve tuz ve karabiber ekleyin. Bir tabakla örtün ve patatesler yumuşayana kadar 15-20 dakika yüksek ateşte iki kez karıştırarak pişirin. Ekşi krema ile karıştırın, çorba kaselerine dökün ve üzerine ceviz ve maydanoz serpin.

Taze domates ve kereviz çorbası

6-8 öğün

900 gr olgun domates, harmanlanmış, soyulmuş ve çekirdekleri çıkarılmış

50g/2oz/¼ fincan tereyağı veya margarin veya 30ml/2 yemek kaşığı zeytinyağı

2 soğan, ince dilimlenmiş

1 büyük soğan, ince dilimlenmiş

30 ml / 2 yemek kaşığı yumuşak koyu kahverengi şeker

5 ml/1 porsiyon soya sosu

2,5 ml/çay kaşığı tuz

300 ml/½ porsiyon/1¼ bardak ılık su

30 ml / 2 yemek kaşığı mısır unu (mısır nişastası)

150 ml/¼ pt./2/3 bardak soğuk su

Orta şeri

Domatesleri bir blender veya mutfak robotunda karıştırın. Tereyağı, margarin veya sıvı yağı 1,75 L/3 Porsiyon/7½ Bardak kaseye koyun. Tam olarak 1 dakika ısıtın. Kereviz ve soğan ile karıştırın. Bir tabakla örtün ve 3 dakika pişirin. Domates püresi, şeker, soya sosu, tuz ve sıcak suyu ekleyin. Daha önce olduğu gibi örtün ve dört kez karıştırarak tam 8 dakika pişirin. Bu sırada mısırı soğuk suyla dikkatlice karıştırın. Çorbayı karıştırın. Dört kez karıştırarak tam ateşte 8 dakika pişirin. Çorbayı kaselere paylaştırın ve her kasenin üzerine şerbeti dökün.

avokado soslu domates çorbası

Kapılar 8

2 olgun avokado

1 küçük limonun suyu

1 soğan sarımsak, ezilmiş

30 ml / 2 yemek kaşığı hardallı mayonez

45ml / 3 yemek kaşığı

5 ml/1 porsiyon tuz

bir tutam zerdeçal

600 ml / 20 fl oz / 2 kutu yoğunlaştırılmış domates çorbası

600 ml / 1 adet / 2½ su bardağı sıcak su

2 domates, soyulmuş, özlü, çekirdeksiz ve dörde bölünmüş

Avokadoyu soyun ve dilimleyin, çukuru çıkarın. Posayı iyice ezin, ardından limon suyu, sarımsak, mayonez, taze krema, tuz ve zerdeçal ile karıştırın. Örtün ve gerekene kadar soğutun. 1,75 litrelik bir tencereye iki kutu çorba dökün. Su ile hafifçe durulayın. Domates posasını şeritler halinde kesin ve çorbanın üçte ikisini ekleyin. Tavayı bir kapakla kapatın ve çok sıcak olana kadar dört veya beş kez karıştırarak 9 dakika pişirin. Çorba kaselerine paylaştırın ve üzerine bir yemek kaşığı avokado sosu gezdirin. Kalan domates dilimleri ile süsleyin.

Soğuk peynir ve soğan çorbası

6-8 öğün

25 gr / 1 ons / 2 yemek kaşığı tereyağı veya margarin

2 soğan, doğranmış

2 soğan, ince dilimlenmiş

30 ml/2 yemek kaşığı sade (çok amaçlı) un.
900 ml / 1½ adet / 3¾ su bardağı sıcak tavuk veya sebze çorbası
45 ml / 3 yemek kaşığı sek beyaz şarap veya beyaz porto şarabı
Tuz ve taze çekilmiş karabiber
125 gr/4 ons/1 su bardağı mavi peynir
125 gr / 4 ons / 1 su bardağı rendelenmiş sedir peyniri
150 ml/¼ puan/2/3 fincan ağır krema
Dekorasyon için ince dilimlenmiş

Tereyağı veya margarini 2,25 litre/4 litre/10 fincan tavaya koyun. Açtıktan sonra 1,5 dakika içinde eriştelerin erimesini sağlayın. Soğan ve kerevizi karıştırın. Bir tabakla örtün ve 8 dakika pişirin. Mikrodalgadan çıkarın. Karıştırın, ardından suyu ve şarabı veya porto şarabını yavaşça karıştırın. Daha önce olduğu gibi örtün ve her 2-3 dakikada bir karıştırarak 10-12 dakika tam ateşte pişirin. Çorba pürüzsüz, kalın ve sıcak olana kadar bir dakika pişirin. Lezzetli mevsim. Peyniri ekleyin ve eriyene kadar karıştırın. Örtün ve soğutun, ardından birkaç saat veya gece boyunca buzdolabında saklayın. Servis yapmadan önce kremayı ekleyin ve iyice karıştırın. Bardaklara veya tabaklara dökün ve her zamanki gibi serpin.

İsviçre peynir çorbası

6-8 öğün

25 gr / 1 ons / 2 yemek kaşığı tereyağı veya margarin
2 soğan, doğranmış

2 soğan, ince dilimlenmiş
30 ml/2 yemek kaşığı sade (çok amaçlı) un.
900 ml / 1½ adet / 3¾ su bardağı sıcak tavuk veya sebze çorbası
45 ml / 3 yemek kaşığı sek beyaz şarap veya beyaz porto şarabı
5 ml/1 porsiyon kimyon tohumu
1 soğan sarımsak, ezilmiş
Tuz ve taze çekilmiş karabiber
225 gr/2 su bardağı Emmental veya Gruyère (İsviçre) peyniri, rendelenmiş
150 ml/¼ puan/2/3 fincan ağır krema
Korsanlar

Tereyağı veya margarini 2,25 litre/4 litre/10 fincan tavaya koyun. Açtıktan sonra 1,5 dakika içinde eriştelerin erimesini sağlayın. Soğan ve kerevizi karıştırın. Bir tabakla örtün ve 8 dakika pişirin. Mikrodalgadan çıkarın. Karıştırın, ardından suyu ve şarabı veya porto şarabını yavaşça karıştırın. Ayran ve sarımsağı karıştırın. Daha önce olduğu gibi örtün ve her 2-3 dakikada bir karıştırarak 10-12 dakika tam ateşte pişirin. Çorba sıcak, pürüzsüz ve kalın olana kadar bir dakika pişirin. Lezzetli mevsim. Peyniri ekleyin ve eriyene kadar karıştırın. Ekşi krema ile karıştırın. Bardaklara veya tabaklara dökün ve süsleyerek sıcak servis yapın.

Avgolemono çorbası

Kapılar 6

1,25L / 2¼ su bardağı / 5½ su bardağı sıcak tavuk suyu
60 ml/4 yemek kaşığı risotto pirinci
2 limon suyu
2 büyük yumurta
Tuz ve taze çekilmiş karabiber

Stoku 1,75 litre/3 litre/7½ fincan derin bir tabağa dökün. Pirinci karıştırın. Bir tabakla örtün ve pirinç yumuşayana kadar 20-25 dakika yüksek ateşte pişirin. Limon suyunu ve yumurtaları bir çorba veya başka bir büyük servis kasesinde iyice çırpın. Çorbayı ve pirinci dikkatlice ekleyin. Servis yapmadan önce tadın.

pastis ile salatalık kremalı çorba

6-8 öğün

900 gr soyulmuş salatalık
45ml/3 yemek kaşığı tereyağı veya margarin
30 ml / 2 yemek kaşığı mısır unu (mısır nişastası)
600 ml / 1 adet / 2½ su bardağı tavuk veya sebze
300 ml / ½ pt / 1¼ fincan krema
7,5-10 ml / 1½ - 2 yemek kaşığı tuz
10 ml / 2 yemek kaşığı Pernod veya Ricard (pastis)
Yeni lokasyon karabiber
Doğranmış Soğan (Soğan)

Bir mutfak robotu rendesi veya kesme tahtası kullanarak salatalığı çok ince dilimler halinde dilimleyin. Bir tabağa koyun ve nemin bir kısmının buharlaşması için 30 dakika bekletin. Temiz bir havlu üzerinde mümkün olduğu kadar kurulayın. Tereyağı veya margarini 2,25 litre/4 litre/10 fincan tavaya koyun. Açtıktan sonra 1,5 dakika içinde eriştelerin erimesini sağlayın. Soğanı karıştırın. Bir tabakla örtün, üç kez karıştırın ve tam ateşte 5 dakika pişirin. Mısırın bir kısmını hafifçe karıştırın, ardından geri kalanını ekleyin. Yavaş yavaş salatalığı karıştırın. Neredeyse bitene kadar pişirin. Çorba sıcak, pürüzsüz ve kalın olana kadar üç veya dört kez karıştırın. Ekşi krema, tuz ve tutkal ekleyin ve iyice karıştırın. 1-1 1/2 dakika ısıtın. Bir açıyla sezon.

Pirinçli Köri Çorbası

Kapılar 6

Hafif İngiliz-Hint tavuk çorbası.

30 ml / 2 yemek kaşığı yer fıstığı veya ayçiçek yağı

1 büyük soğan, doğranmış

3 soğan, ince dilimlenmiş

15 ml/1 yemek kaşığı hafif köri tozu

30 ml / 2 yemek kaşığı orta kuru şeri

1 litre / 1¾ su bardağı / 4¼ su bardağı tavuk veya sebze

125 gr/1/2 su bardağı uzun taneli pirinç

5 ml/1 porsiyon tuz

15 ml/1 yemek kaşığı soya sosu

175 gr haşlanmış tavuk, şeritler halinde kesilmiş

Servis etmek için, kalın doğal yoğurt veya taze krema

2,25L/4pt/10cup tencereye 25g dökün. 1 dakika boyunca ısıyı açın. Soğan ve kereviz ekleyin. Bir kez karıştırın ve tam ateşte 5 dakika pişirin. Köri tozu, şeri, et suyu, pirinç, tuz ve soya sosuyla karıştırın. Bir kapakla örtün ve iki kez karıştırarak 10 dakika tam ateşte pişirin. Tavuk ekleyin. Daha önce olduğu gibi örtün ve tam 6 dakika pişirin. Kaselere dökün ve her kaseye bir porsiyon yoğurt veya taze krema ekleyin.

vichy sosu

Kapılar 6

20. yüzyılın başlarında Amerikalı şef Louis Diat tarafından icat edilen mercimek ve patates çorbasının modern, soğuk versiyonu.

2 pim
350 gr patates, soyulmuş ve dilimlenmiş
25 gr / 1 ons / 2 yemek kaşığı tereyağı veya margarin
30 ml / 2 yemek kaşığı su
/ 450ml / ¾ 2 bardak süt için
15 ml/1 yemek kaşığı mısır unu (mısır nişastası)
150 ml/¼ pt./2/3 bardak soğuk su
2,5 ml/çay kaşığı tuz
150ml/¼ çay kaşığı/2/3 fincan krema (hafif).
Dekorasyon için ince dilimlenmiş çaylar

Sebzeleri kesin, çoğu sebzeyi kesin. Gerisini kesin ve iyice yıkayın. Kalın dilim. Patatesleri tereyağı veya margarin ve su ile 2 litrelik bir tencereye koyun. Bir tabakla örtün ve dört kez karıştırın ve 12 dakika tam ateşte pişirin. Bir karıştırıcıya aktarın, süt ve püre ekleyin. Plakaya geri dön. Mısır şurubunu dikkatlice karıştırın ve tavaya ekleyin. Tuzla tatlandırın. Her dakika karıştırarak 6 dakika pişirin. Boşver. Ekşi krema ile karıştırın. İyice örtün ve soğutun. Tabaklara dökün ve her porsiyona çay serpin.

Yoğurtlu soğuk salatalık çorbası

6-8 öğün

25 gr / 1 ons / 2 yemek kaşığı tereyağı veya margarin

1 diş sarımsak

1 salatalık, soyulmuş ve iri rendelenmiş

600 ml / 1 adet / 2½ su bardağı doğal yoğurt

300 ml/½ puan/1¼ bardak süt

150 ml/¼ pt./2/3 bardak soğuk su

2,5-10 ml / ½ - 2 yemek kaşığı tuz

Süslemek için dilimlenmiş ekmek

Tereyağı veya margarini 1,75 L/3 Porsiyon/7½ Fincan kaseye koyun. 1 dakika boyunca ısıyı açın. Sarımsağı ezin ve salatalığı ekleyin. İki kez karıştırın ve tam ateşte 4 dakika pişirin. Mikrodalgadan çıkarın. Diğer tüm malzemeleri karıştırın. Örtün ve birkaç saat buzdolabına koyun. Tabaklara yerleştirin ve her porsiyonu ekmek kırıntıları ile serpin.

Soğutulmuş yoğurtlu ıspanak çorbası

6-8 öğün

25 gr / 1 ons / 2 yemek kaşığı tereyağı veya margarin

1 diş sarımsak

450 gr bebek ıspanak yaprağı, doğranmış

600 ml / 1 adet / 2½ su bardağı doğal yoğurt

300 ml/½ puan/1¼ bardak süt

150 ml/¼ pt./2/3 bardak soğuk su

2,5-10 ml / ½ - 2 yemek kaşığı tuz

1 limon suyu

Süslemek için çekilmiş ceviz veya fıstık

Tereyağı veya margarini 1,75 L/3 Porsiyon/7½ Fincan kaseye koyun. 1 dakika boyunca ısıyı açın. Sarımsağı ezip ıspanağı ekleyin. İki kez karıştırın ve tam ateşte 4 dakika pişirin. Mikrodalgadan çıkarın. Bir blender veya mutfak robotunda kalın bir püre haline getirin. Diğer tüm malzemeleri karıştırın. Örtün ve birkaç saat buzdolabına koyun. Tabaklara dizin ve her porsiyonu yer fıstığı veya cevizle süsleyin.

Şerifli Soğuk Domates Çorbası

4-5 öğün

300 ml/½ puan/1¼ bardak su

300 ml/10 fl oz/1 yoğunlaştırılmış domates çorbası

30 ml / 2 yemek kaşığı kuru şeri

150 ml/¼ çay kaşığı/2/3 fincan ağır krema (kalın).

5 ml/1 porsiyon Worcestershire sosu

Dekorasyon için ince dilimlenmiş çaylar

1,25 L / 2¼ pt / 5½ fincan tencereye su dökün ve kaynamaya başlayana kadar 4-5 dakika pişirin. Domates sosu ekleyin. Kütle pürüzsüz olduğunda, kalan malzemeleri iyice karıştırın. Örtün ve 4-5 saat soğutun. Karıştırın, bardaklara dökün ve üzerine çay serpin.

New England çubuk

6-8 öğün

Kuzey Amerika'da her zaman pazar öğle yemeklerinde servis edilen istiridye çorbası harika bir klasiktir ancak midye bulmak kolay olmadığı için yerini midye almıştır.

5 şerit domuz eti (dilim), ince kıyılmış
1 büyük soğan, soyulmuş ve rendelenmiş
15 ml/1 yemek kaşığı mısır unu (mısır nişastası)
30 ml/2 yemek kaşığı soğuk su
450g patates, 1cm/½ küpler halinde kesilmiş
900 ml / 1½ su bardağı / 3¾ su bardağı tam yağlı süt
450 gr sert beyaz balık filetosu, derisi alınmış ve küçük parçalar halinde kesilmiş
2,5 ml / ½ yemek kaşığı
Tuz ve taze çekilmiş karabiber

Pastırmayı 2,5 litre / 4½ litre / 11 fincan tavaya yerleştirin. Soğanı ekleyin ve kapağı açık olarak 5 dakika pişirin. Mısır şurubunu dikkatlice karıştırın ve tavada karıştırın. Patatesleri ve sıcak sütün yarısını ekleyin. Üç kez karıştırın ve tam ateşte 6 dakika pişirin. Kalan sütü ekleyin ve 2 dakika ağzı açık pişirin. Fındıklı balık ekleyin ve tadın. Bir tabakla örtün ve balık yumuşayana kadar 2 dakika pişirin. (Balıklar yumuşamaya başlarsa merak etmeyin.) Derin kaselere alıp hemen yiyin.

yengeç çorbası

4 tane giyiyorsun

25g/1oz/2 yemek kaşığı tuzsuz tereyağı (tatlı).

20 ml/4 yemek kaşığı (çok amaçlı) un.

300 ml / ½ pt / 1¼ fincan ısıtılmış kremalı süt

300 ml/½ puan/1¼ bardak su

2,5 ml/½ çay kaşığı İngiliz hardalı

Bir tutam acı biber sosu

25 gr / 1 ons / ¼ fincan rendelenmiş sedir peyniri

175g/6oz açık ve koyu yengeç

Tuz ve taze çekilmiş karabiber

45 ml / 3 yemek kaşığı kuru şeri

Tereyağını 1,75 qt/3 litre/7½ bardak tencereye koyun. 1-1½ dakika erimesine izin verin. karıştır 30 saniye yüksekte pişirin. Yavaş yavaş süt ve su ile karıştırın. Pürüzsüz ve kalın olana kadar her dakika karıştırarak 5-6 dakika yüksek ateşte pişirin. Diğer tüm malzemeleri karıştırın. Kaynayana kadar iki kez karıştırarak 1,5 dakika tam ateşte pişirin.

Yengeç ve limon çorbası

4 tane giyiyorsun

Çorba olarak hazırlayın, ancak diğer malzemelere 5 ml/1 yemek kaşığı ince rendelenmiş limon kabuğu rendesi ekleyin. Her porsiyonu biraz rendelenmiş ceviz serpin.

ıstakoz bisküvi

4 tane giyiyorsun

Yengeç çorbası gibi yapın ama sütü sade (hafif) kremayla ve yengeç etini küçük bir ıstakozla değiştirin.

Kuru paket çorba

Kavanozun içindekileri 1,25 litrelik / 2¼ pt / 5½ fincanlık bir kaba boşaltın. Tavsiye edilen miktarda soğuk suda yavaş yavaş karıştırılmalıdır. Sebzeleri yumuşaması için 20 dakika bekletin. Rahatsız edici. Bir tabakla örtün ve çorba kaynayana ve koyulaşana kadar iki kez karıştırarak 6-8 dakika yüksek ateşte pişirin. 3 dakika bekletin. Karıştırın ve servis yapın.

konserve çorbalar

Çorbayı 1,25 litre/2¼ pt/5½ fincan ölçü kabına dökün. 1 su bardağı kaynar su ekleyin ve iyice karıştırın. Bir tabak veya tabakla örtün ve çorba kaynayana kadar 6-7 dakika iki kez karıştırın. Kaselere aktarın ve servis yapın.

çorbaları ısıtın

En iyi sonuçlar için, berrak veya ince çorbaları, tam gövdeli, kremalı çorbalarda ve yemek pişirirken ısıtın.

Pişirmek için yumurtaları ısıtın.

Son dakikada pişirmeye karar verdiyseniz ve oda sıcaklığında yumurtaya ihtiyacınız varsa.

1 yumurta için: Yumurtaları küçük bir kaseye veya kaseye kırın. Cilde zarar vermemek ve sarıyı çatlatmamak için sarısını bir bıçak veya bıçak ucuyla iki kez delin. Tabağı veya kaseyi bir tabakla örtün. 30 saniye ısıtın.

2 yumurta için: Yaklaşık 1 yumurta ama 30-45 saniyede ısınıyor.

3 yumurta için: 1 yumurta için 1-1¼ dakika pişirin.

Omlet

Kendi yemeklerinde ayrı ayrı hazırlanırlar.

1 yumurta için: Sığ bir kaseye 90 ml/6 yemek kaşığı ılık su dökün. Ağartmayı önlemek için 2,5 ml/tsp hafif sirke ekleyin. 1 yumurtayı önce bir kasede dikkatlice çırpın. Sarısını bir bıçak veya çatalla iki kez sıkıştırın. Bir tabakla örtün ve beyazlarınızı nasıl sevdiğinize bağlı olarak 45 saniye ila 1¼ dakika tamamen pişene kadar pişirin. 1 dakika oturun. Delikli bir balık dilimleyici ile plakadan çıkarın.

Aynı anda 2 şekilde pişirilen 2 yumurta için: Tamamen 1½ dakika pişirin. 1¼ dakika bekletin. Beyazlar çok cıvıksa 15-20 saniye daha pişirin.

Aynı anda 3 şekilde pişirilen 3 yumurta için: 2-2½ dakika pişirin. 2 dakika bekletin. Beyazlar çok cıvıksa 20-30 saniye daha pişirin.

Sert haşlanmış yumurta (kızarmış).

Mikrodalga burada harika çalışıyor ve yumurtalar yumuşak ve kabarık, her zaman güneşli tarafı yukarı ve asla akmayan beyaz bir çizgi ile çıkıyor. Sarılar beyazlardan daha hızlı pişeceğinden ve sertleşeceğinden, bir seferde 2'den fazla yumurtanın kızartılması önerilmez. Bunun nedeni, yumurta aklarının katılaşması için gereken daha uzun pişirme süresidir. Fransa'daki gibi bezemesiz porselen veya çanak çömlek kullanın.

1 yumurta için: Küçük bir porselen veya toprak kabı eritilmiş tereyağı, margarin veya sızma zeytinyağı ile hafifçe yağlayın. Yumurtaları bir kaseye kırın, ardından hazırlanan tavaya kırın.

Sarısını bir bıçak veya çatalla iki kez sıkıştırın. Tuz ve taze çekilmiş karabiber ile hafifçe tatlandırın. Bir tabakla örtün ve 30 saniye pişirin. 1 dakika oturun. 15-20 saniye daha pişirmeye devam edin. Beyazlar yeterince kesilmemişse 5-10 saniye daha pişirin.

2 yumurta için: 1 yumurta ise önce 1 dakika tamamen kaynatın sonra 1 dakika bekletin. 20-40 saniye daha pişirin. Yumurta akları çok katıysa 6-8 saniye daha bekleyin.

Boru Geçidi

4 tane giyiyorsun

30 ml / 2 yemek kaşığı zeytinyağı
3 soğan, çok ince dilimlenmiş
2 yeşil biber (yağ), çekirdekleri çıkarılmış ve ince dilimlenmiş
6 adet soyulmuş, çekirdekleri çıkarılmış ve doğranmış domates
15 ml / 1 yemek kaşığı kıyılmış fesleğen yaprağı
Tuz ve taze çekilmiş karabiber
6 büyük yumurta
60 ml / 4 yemek kaşığı krema (kalın).
Bir tost yapın ve servis yapın

Yağı 25 cm/10-derinlikli bir tavaya dökün ve üstü açık olarak 1 dakika ısıtın. Soğan ve biberle karıştırın. Bir tabakla örtün ve sebzeler yumuşayana kadar 12-14 dakika pişirin. Tatmak için domates, fesleğen ve baharat ekleyin. Daha önce olduğu gibi örtün ve 3 dakika pişirin. Yumurta ve kremayı iyice çırpın ve tadın. Bir tencereye aktarın ve sebzelerle karıştırın. Malzemeler hafifçe birleşene kadar her dakika karıştırarak 4-5 dakika yüksek ateşte pişirin. Kızarmış ekmekle servis yapmadan önce üzerini örtün ve 3 dakika bekletin.

tavla biberi

4 tane giyiyorsun

Piperade gibi hazırlayın, ancak tost dilimleri (sos) ve her bir ızgara (fırınlanmış) veya mikrodalga fırınlanmış jambonun üzerine birer kaşık koyun.

Boru Geçidi

4 tane giyiyorsun

İspanyol piperada türleri.

Piperade gibi hazırlayın ancak 2 diş sarımsağı soğan ve yeşil biberle (yağ) ekleyin ve pişmiş sebzelere 125 gr/1 su bardağı kıyılmış maydanoz ekleyin. Her porsiyonu dilimlenmiş bir zeytinle süsleyin.

Floransa yumurtaları

4 tane giyiyorsun

450 gr taze ıspanak
60 ml / 4 yemek kaşığı krem şanti için
4 sahanda yumurta, her seferinde 2
300 ml / ½ pt / 1¼ fincan ılık peynir sosu veya sos
50 gr / 2 ons / ½ su bardağı rendelenmiş peynir

Ispanağı ve kremayı bir mutfak robotu veya karıştırıcıda karıştırın. 18 cm çapında fırına dayanıklı bir kaba koyun. Bir tabakla örtün ve yüksek ateşte 1,5 dakika pişirin. Yumurtaları üstüne koyun ve sıcak sosu üzerine dökün. Peynir serpin ve sıcak bir ızgarada (broiler) kızartın.

Rossini yumurtası

Bölümler 1

Yapraklı bir salata ile güzel bir küçük yemek yapar.

Tam tahıllı ekmek dilimleri kızartılmalı (sos) veya kızartılmalıdır.
Ekstralarınız varsa, biraz şişirilmiş ciğer ezmesi ile doldurun.
Hemen taze haşlanmış haşlanmış yumurta ile servis yapın.

Evet

4 tane giyiyorsun

Mikrodalgada çalışan bir İsrail fikri. Koku garip.

750 gr tatlı (patlıcan)
15 ml/1 yemek kaşığı limon suyu
15 ml / 1 yemek kaşığı mısır veya ayçiçek yağı
2 soğan, ince dilimlenmiş

2 diş sarımsak, ince kıyılmış
4 büyük yumurta
60 ml / 4 yemek kaşığı süt
Tuz ve taze çekilmiş karabiber
Servis için tereyağlı sıcak tost

En üste muhallebiyi dökün ve uzunlamasına ortadan ikiye kesin. Kesilen tarafı aşağı gelecek şekilde geniş bir tabağa koyun ve üzerini mutfak kağıdıyla kapatın. 8-9 dakika veya yumuşayana kadar pişirin. Eti derisinden doğrudan bir mutfak robotunda limon suyuyla karıştırın ve kalın bir püre haline getirin. Yağı 1,5L/2½ pt/6cup bir tencereye koyun. 30 saniye boyunca tam, açık ısı. Soğan ve sarımsağı karıştırın. Tam ateşte 5 dakika pişirin. Yumurtaları süt ve baharatlarla iyice çırpın. Tencereye dökün ve soğan ve sarımsakla birlikte 30 saniyede bir karıştırarak tam 30 dakika pişirin. Soğan ve sarımsağı karıştırın ve ezilmiş tatlı patatesleri ekleyin. Karışım koyulaşana ve yumurtalar eklenene kadar her 30 saniyede bir karıştırarak 3-4 dakika yüksekte pişirmeye devam edin. Sıcak tereyağlı tost üzerinde servis yapın.

klasik omlet

Bölüm 1

Sade veya dolgulu olabilen hafif dokulu bir omlet.

Eritilmiş tereyağı veya margarin
3 yumurta
20 ml / 4 yemek kaşığı tuz
Yeni lokasyon karabiber
30 ml/2 yemek kaşığı soğuk su
Süslemek için maydanoz veya su teresi

20 cm çapında bir kek kalıbını eritilmiş tereyağı veya margarinle yağlayın. Yumurtaları süsleme hariç tüm malzemelerle güzelce çırpın. (Normal omletlerde olduğu gibi yumurtaları hafifçe kırmak yeterli değildir.) Bir kaseye dökün, üzerini bir tabakla kapatın ve mikrodalgaya alın. 1½ dakika tam kaynama noktasına getirin. Yumurtalı karışımı tahta bir kaşık ya da çatalla açıp kısmen oturan kenarlarını ortaya getirin. Daha önce olduğu gibi örtün ve

mikrodalgaya geri koyun. 1½ dakika tam kaynama noktasına getirin. 30-60 saniye veya üst ayarlanana kadar pişirmeye devam edin. Üçe katlayın ve ılık bir tabağa aktarın. Süsleyin ve hemen servis yapın.

lezzetli omlet

Bölüm 1

Maydanozlu omlet: Klasik omlet gibi hazırlayın ancak yumurtalar ilk 1,5 dakika piştikten sonra üzerlerine 30 ml / 2 yemek kaşığı kıyılmış maydanoz serpin.

kaşıkla omlet: Klasik bir omlet gibi hazırlayın, ancak ilk 1,5 dakika piştikten sonra yumurtaları 30ml / 2 yemek kaşığı öğütülmüş çay ile serpin.

Bir şişe su: Klasik bir omlet gibi hazırlayın, ancak ilk 1,5 dakika piştikten sonra yumurtaları 30ml / 2 yemek kaşığı doğranmış su ile serpin.

İyi otlar ile omlet: Klasik omlet gibi hazırlayın ancak yumurtalar ilk 1,5 dakika piştikten sonra üzerine 45ml / 3 yemek kaşığı kıyılmış maydanoz, frenk maydanozu ve fesleğen karışımını serpin. Biraz taze tarhun ekleyebilirsiniz.

Kişniş Körili Omlet: Klasik omlet gibi hazırlayın ama yumurta ve tuz ve karabibere ek olarak 5-10 ml / 1-2 yk köri tozu ile çırpın. Omlet ilk 1,5 dakika piştikten sonra, yumurtaların üzerine 30 ml/2 yemek kaşığı kıyılmış kişniş serpin.

Peynirli ve hardallı omlet: Klasik omlet gibi hazırlanır ama yumurta ve suyu tuz ve karabiber ile 5 ml / 1 yk hazırlanmış hardal ve 30 ml / 2 yk rendelenmiş sert peynir ile çırpın.

kahvaltıda omlet

Bölüm 1-2

Pazar öğle yemeği için genellikle Kuzey Amerika tarzı bir omlet servis edilir. Kahvaltı omlet kadar lezzetli ve doyurucu olabilir.

Klasik bir omlet gibi hazırlayın, ancak 30 ml/2 yemek kaşığı suyu 45 ml/3 yemek kaşığı soğuk sütle değiştirin. Açtıktan sonra 1-1½ dakika pişirin. Üçe katlayın ve dikkatlice bir tabağa kaydırın.

Eritilmiş peynirli haşlanmış yumurta

Bölüm 1

1 dilim sıcak tereyağlı kızarmış ekmek
45 ml / 3 yemek kaşığı krem peynir
Domates Ketçapı (Kedi)
1 balık yumurtası
60-75ml / 4-5 yemek kaşığı rendelenmiş peynir
Biber

Ekmeğin üzerine krem peynir ve ardından domates ketçapını yayın. Bir tabağa koyun. Üzerine haşlanmış yumurta koyun, rendelenmiş peynir serpin ve kırmızı biber serpin. Peynir erimeye başlayana kadar 1-1½ dakika eritin. Hemen ye.

Yumurta Benedict

Bölüm 1-2

Bir Kuzey Amerika Pazar öğle yemeği, tüm kalori ve kolesterol kısıtlamalarını yıkan Eggs Benedict olmadan tamamlanmış sayılmaz.

Bir tencereye veya kaseye aktarın ve kızartın. Üzerine hafifçe ızgara domuz eti, ardından yarım taze haşlanmış yumurta ekleyin. Üzerine hollandaise sosu sürün, ardından hafifçe kırmızı biber serpin. Hemen ye.

Arnold Bennett'in omleti

Hizmetler 2

Londra'daki Savoy Hotel'in şefi tarafından ünlü yazarın onuruna yaratıldığı söylenen bu omlet, büyük gün ve kutlamalar için unutulmaz bir omlet.

175 gr tütsülenmiş mezgit veya morina filetosu
45 ml/3 yemek kaşığı kaynar su
120 ml/4 fl oz/½ fincan taze krema
Yeni lokasyon karabiber
Üzerine sürmek için eritilmiş tereyağı veya margarin
3 yumurta
45 ml / 3 yemek kaşığı soğuk süt
Bir tutam tuz
50 gr / 2 ons / ½ fincan rendelenmiş renkli çedar veya kırmızı Leicester peyniri

Balıkları sığ suya koyun. Bir tabakla örtün ve tam 5 dakika pişirin. 2 dakika bekletin. Posayı bir çatalla süzün ve süzün. Crème fraîche ile servis yapın ve biberle tatlandırın. 20 cm çapındaki kalıbı eritilmiş tereyağı veya margarin ile yağlayın. Yumurtaları süt ve tuzla iyice çırpın. Tabağa dökülür. Bir tabak ile örtün ve pişirme süresinin kenarlarını ortasına doğru iterek 3 dakika pişirin. Dolu açın ve 30 saniye daha pişirin. Balık-krema karışımı ile fırçalayın ve peynir serpin. Omlet iyice ısınana ve peynir eriyene kadar 1-1 ½ dakika yüksek ateşte pişirin. İki porsiyona bölün ve hemen servis yapın.

Tortilla

Hizmetler 2

Ünlü İspanyol omleti, gözleme gibi yuvarlak ve düzdür. Tost veya ekmek ve hafif yeşil salata ile iyi gider.

15 ml / 1 yemek kaşığı tereyağı, margarin veya zeytinyağı
1 soğan, ince dilimlenmiş
175 gr küp küp doğranmış haşlanmış patates
3 yumurta
5 ml/1 porsiyon tuz
30 ml/2 yemek kaşığı soğuk su

20 cm / 8 cm derin bir kaba tereyağı, margarin veya sıvı yağ koyun. 30-45 saniye dokunarak ısıtın. Soğanla karıştırın. Bir tabakla örtün ve Tine'ın 2 dakika pişmesine izin verin. Patatesleri karıştırın. Daha önce olduğu gibi örtün ve tam bir dakika pişirin. Mikrodalgadan çıkarın. Yumurtaları tuz ve su ile iyice çırpın. Soğanları ve patatesleri eşit şekilde dökün. Tavayı bir kez çevirerek

tam ateşte 4,5 dakika pişirin. 1 dakika bekletin, sonra ikiye bölün ve her bir parçayı bir tabağa koyun. Hemen ye.

Sebze karışımı ile İspanyol omleti

Hizmetler 2

30 ml / 2 yemek kaşığı tereyağı, margarin veya zeytinyağı

1 soğan, ince dilimlenmiş

2 domates, soyulmuş ve dilimlenmiş

½ küçük yeşil veya kırmızı dolmalık biber, ince dilimlenmiş

3 yumurta

5-7,5 ml / 1-1 yemek kaşığı tuz

30 ml/2 yemek kaşığı soğuk su

20 cm derinliğinde bir tabağa tereyağı, margarin veya sıvı yağ koyun ve 1½ dakika ısıtın. Soğan, domates ve doğranmış biberi karıştırın. Bir tabakla örtün ve yumuşayana kadar 6-7 dakika pişirin. Yumurtaları tuz ve su ile iyice çırpın. Sebzelerin üzerine eşit şekilde dökün. Bir tabakla örtün ve tavayı bir kez çevirerek yumurtalar katılaşana kadar 5-6 dakika pişirin. İki parçaya bölün ve her birini bir tabağa koyun. Hemen ye.

Jambonlu İspanyol omleti

Hizmetler 2

Karışık sebzelerle bir İspanyol omleti yapın, ancak sebzelere 60 ml/4 yemek kaşığı doğranmış kuru İspanyol jambonu ve 1-2 diş ezilmiş sarımsak ekleyin ve 30 saniye daha pişirin.

Kereviz Soslu Peynirli Yumurta

4 tane giyiyorsun

Vejeteryanlar için mükemmel bir öğün olan öğle veya akşam yemeği için hızlı bir yemek.

6 haşlanmış (sert haşlanmış) yumurta, kabuklu ve ikiye bölünmüş
300 ml/10 fl oz/1 fincan yoğunlaştırılmış kereviz çorbası
45 ml / 3 yemek kaşığı krema
175 gr / 6 ons / 1½ su bardağı rendelenmiş çedar peyniri
30 ml / 2 yemek kaşığı ince kıyılmış maydanoz
Tuz ve taze çekilmiş karabiber
15 ml/1 yemek kaşığı kızarmış galeta unu
2,5 ml/½ çay kaşığı kırmızı biber

Yumurtanın yarısını 20 cm derinliğe yerleştirin. Çorba ve sütü ayrı bir kapta veya bir tabakta dikkatlice karıştırın. Her dakika karıştırarak 4 dakika ısıtın. Peynirin yarısını karıştırın ve eriyene kadar 1-1 1/2 dakika ısıtın. Maydanozu tatlandırmak için karıştırın, ardından yumurtaların üzerine dökün. Kalan peyniri, ekmek kırıntılarını ve kırmızı biberi serpin. Servis yapmadan önce sıcak bir ızgara (broyler) altında kahverengileştirin.

Fu unung yumurta

Hizmetler 2

5 ml / 1 yemek kaşığı tereyağı, margarin veya mısır yağı
1 soğan, ince dilimlenmiş
30 ml / 2 yemek kaşığı haşlanmış nohut
30 ml / 2 yemek kaşığı pişmiş veya konserve fasulye
125 gr dilimlenmiş mantar
3 büyük yumurta
2,5 ml/çay kaşığı tuz
30 ml/2 yemek kaşığı soğuk su
5 ml/1 porsiyon soya sosu
4 taze soğan (arpacık), ince dilimlenmiş

Tereyağı, margarin veya sıvı yağı 20 cm / 8 cm derinliğinde bir kaba koyun ve makarnayı 1 dakika üstü açık bırakın. Doğranmış soğanla karıştırın, bir tabakla örtün ve 2 dakika kızartın. Nohut, fasulye filizi ve mantarla karıştırın. Daha önce olduğu gibi örtün ve tam 1,5 dakika pişirin. Mikrodalgadan çıkarın ve hazır olmalıdır. Yumurtaları tuz, su ve soya sosuyla iyice çırpın. Sebzelerin üzerine eşit şekilde dökün. İki kez çevirerek 5 dakika kızartın. 1 dakika oturun. İkiye bölün ve her birini sıcak bir tabağa koyun. Frenk soğanı ile süsleyin ve hemen servis yapın.

Pizzalı omlet

Hizmetler 2

Mayalı hamur yerine yeni yassı omlet pizza.

15 ml/1 yemek kaşığı zeytinyağı
3 büyük yumurta
45ml/3 yemek kaşığı süt
2,5 ml/çay kaşığı tuz
4 adet domates, soyulmuş, çekirdekleri çıkarılmış ve dilimlenmiş
125 gr/4 ons/1 su bardağı mozzarella peyniri
8 kutuda yağ
8–12 adet çekirdeksiz siyah zeytin

Yağı 20 cm derinliğinde bir tavaya koyun ve makarnayı orta ateşte 1 dakika ısıtın. Yumurtaları süt ve tuzla iyice çırpın. Tencereye dökün ve bir kapakla örtün. İşaretli kenarları tavanın ortasına yerleştirin ve 3 dakika kızartın. Dolu açın ve 30 saniye daha pişirin. Domates ve peynir ile yayın, hamsi ve zeytin ile süsleyin. İki kez çevirerek 4 dakika kızartın. Ortadan ikiye kesin ve hemen servis yapın.

sütlü omlet

4 tane giyiyorsun

1 yeni halı, temizlenmiş ve 8 inçlik dilimler halinde kesilmiş
30 ml / 2 yemek kaşığı malt sirkesi
3 havuç, ince dilimlenmiş
3 soğan, ince dilimlenmiş
600 ml/1 porsiyon/2½ bardak kaynar su
10-15ml / 2-3 yemek kaşığı tuz

Sazanı yıkayın, ardından balığı kaplayacak kadar sirke ile yeterince soğuk suda ıslatın. (Bu, çamurlu tadı giderir.) 23 cm çapında/9 inç derinliğinde bir tabağa marul ve soğan, kaynar su ve tuzla birlikte koyun. Buharın çıkmasını sağlamak için streç filmle (plastik) örtün ve ikiye bölün. Tencereyi dört kez çevirerek 20 dakika pişirin. Süzün, sıvıyı saklayın. (Sebzeler balık çorbasının başka yerlerinde kullanılabilir veya sotelenmelidir.) Sıvıyağı tencereye boşaltın. Sazanı tek bir katmana yerleştirin. Daha önce olduğu gibi örtün ve tavayı iki kez döndürerek tam 8 dakika pişirin. 3 dakika bekletin. Bir balık bıçağı kullanarak halıyı düz bir kaba kesin. Örtün ve soğutun. Sıvıyı bir kavanoza dökün ve hafif jöle gibi olana kadar soğutun. Jöleyi balığın üzerine dökün ve servis yapın.

Eric ile Oyalanmak

4 tane giyiyorsun

75 gr kuru kayısı
150 ml/¼ pt./2/3 bardak soğuk su
3 dilim soğanlı rulo aldım
150g/5oz/2/3 fincan taze krema
Karışık marul yaprakları
Puf böreği

Erikleri yıkayın ve küçük parçalar halinde kesin. Bir kase soğuk suya koyun. Bir kapakla örtün ve 5 dakika pişirin. 5 dakika bekletin. Çizmek. Rulo bezleri şeritler halinde kesin. Eriklere soğan ve taze krema ekleyin. İyice karıştırın. Örtün ve marine etmek için 4-5 saat buzdolabında saklayın. Kızarmış ekmek ile marul yaprakları üzerinde servis yapın.

pişmiş çiroz

Bölüm 1

Mikrodalga fırın kokuların eve girmesini engeller ve ringa balığının sulu ve yumuşak kalmasını sağlar.

1 adet boyasız ringa balığı, yaklaşık 450 gr
120 ml/½ su bardağı soğuk su
Sarımsak veya margarin

Kapağı kesin ve kuyruğu atın. Tuzluluğunu azaltmak için birkaç turda 3-4 saat soğuk suda bekletin, gerekirse süzün. Büyük, sığ bir su kabına koyun. Buharın çıkmasını sağlamak için streç filmle (plastik) örtün ve ikiye bölün. 4 dakika pişirin. Biraz tereyağı veya margarin ile sıcak bir tabakta servis yapın.

Medrese karidesleri

4 tane giyiyorsun

25 gr/1 ons/2 yemek kaşığı veya 15 ml/1 yemek kaşığı fıstık yağı

2 soğan, doğranmış

2 diş sarımsak, ince kıyılmış

15 ml/1 yemek kaşığı sıcak köri tozu

5 ml / 1 yemek kaşığı

5 ml / 1 çay kaşığı garam masala

1 küçük limonun suyu

150 ml/¼ puan/2/3 su bardağı balık veya sebze suyu

30 ml / 2 yemek kaşığı domates püresi (salça)

60 ml / 4 yemek kaşığı kuru üzüm (altın kuru üzüm)

450 g/1 lb/4 su bardağı kabuklu karides (karides), dondurulmuş veya çözülmüş

175g/6oz/¾ fincan pişmiş uzun taneli pirinç

Popadomlar

Tereyağını veya yağı 20 cm derinliğinde bir tencereye koyun. 1 dakika boyunca ısıyı açın. Soğan ve sarımsağı iyice karıştırın. Tam ateşte 3 dakika pişirin. Köri, kimyon, garam masala ve limon suyunu ekleyin. İki kez karıştırın ve tam ateşte 3 dakika pişirin. Çorbayı, domates püresini ve tuzu ekleyin. Fırın tepsisini örtün ve tam 5 dakika pişirin. Gerekirse karidesin suyunu süzün, ardından tavaya ekleyin ve karıştırın. 1½ dakika yüksek ateşte pişirin. Pilav ve dips ile servis yapın.

Martini sosu ile pişirilir

4 tane giyiyorsun

Her biri 175g/6oz olan 8 fileto, yıkanmış ve kurutulmuş
Tuz ve taze çekilmiş karabiber
1 limon suyu
2,5 ml/kaşık Worcestershire sosu
25 gr / 1 ons / 2 yemek kaşığı tereyağı veya margarin
4 temiz, temizlenmiş ve onarılmış
100g/3½oz/1 su bardağı pişmiş jambon, dilimlenmiş
400 gr ince dilimler halinde kesilmiş mantar
20 ml/4 porsiyon mısır unu (mısır nişastası)
20 ml/4 porsiyon soğuk süt
250 ml/8 fl oz/1 su bardağı tavuk suyu
150 g/¼ kap/2/3 kap krema (hafif).
2,5 ml / ½ çay kaşığı şeker kamışı (ince).
1,5 ml/¼ çay kaşığı zerdeçal
10 ml/2 porsiyon bianco martini

Balıkları tuz ve karabiberle tatlandırın. Limon suyu ve Worcestershire sosunda 15-20 dakika marine edin. Tereyağını veya margarini bir tavada eritin. Tohumları ekleyin ve yumuşak ve şeffaf (sos) olana kadar kızartın. Jambonu ve mantarları ekleyin ve 7 dakika pişirin. Mısırı soğuk sütle karıştırın ve kalan malzemeleri ekleyin. Baloncukları doldurun ve kokteyl çubukları (kürdan) ile kaplayın. 20 cm çapında derin bir kaba koyun. Mantar karışımı ile fırçalayın. Buharın çıkmasını sağlamak için streç filmle (plastik) örtün ve ikiye bölün. 10 dakika pişirin.

www.ingramcontent.com/pod-product-compliance
Lightning Source LLC
Chambersburg PA
CBHW071427080526
44587CB00014B/1761